Der Seher

Übersetzt von: The Seer
Copyright © 2012 by Lars Muhl, published by Watkins Publishing UK
Titel der Originalausgabe: Seeren fra Andalusien
Copyright © 2002 by Lars Muhl, published Gilalai Aps

Lars Muhl
Der Seher

Projektmanagement: Marianne Nentwig
Übersetzung+Lektorat: Viviane Korn
Gestaltung Umschlag/Innenteil: Wilfried Klei
Coverfoto: © Jan. L. Asmussen
Autorenfoto: © Tine Juel
Druck & Verarbeitung: CPI - Clausen & Bosse, Leck

© Kamphausen Media GmbH, Bielefeld 2016
info@kamphausen.media | www.kamphausen.media

ISBN Printausgabe: 978-3-95883-103-2
ISBN E-Book: 978-3-95883-104-9

4. Auflage 2023

Bibliografische Information der Deutschen Nationalbibliothek

Die Deutsche Nationalbibliothek verzeichnet diese
Publikation in der Deutschen Nationalbibliografie;
detaillierte bibliografische Daten sind im Internet über
http://dnb.de abrufbar.

Mehr Bäume.
Weniger CO_2.
www.cpibooks.de/klimaneutral

DER
SEHER

LARS MUHL

I

Es war ein eiskalter Tag im Februar. Einer der Tage, an denen Kopenhagens Hauptbahnhof alles andere als einladend wirkt. Ich manövrierte meinen Koffer die Treppen hoch, um dem beißenden Wind, der vom Bahnsteig her blies, zu entkommen, und übersah absichtlich die Bettler und Obdachlosen, die auf Zeitungen saßen und den Vorübereilenden ihre hellblauen Sammeldosen entgegenhielten. Mein eigenes Budget war äußerst angespannt und mir war schwindelig und übel. Ich war ganz und gar nicht ich selbst. Hatte ich irgendetwas missverstanden, dass ich so sehr das Gleichgewicht verlor? Und das gerade jetzt, wo ich vor der wahrscheinlich wichtigsten Reise meines Lebens stand.

Ich trank in der Cafeteria ein Mineralwasser und fand eine Ecke, in der ich ungestört sitzen und wieder zu mir kommen konnte. Der Nachtzug nach Köln sollte erst in einigen Stunden fahren. Obwohl ich mir einbildete, schon einen großen Teil des Weges geschafft zu haben, saß ich doch da und fühlte mich wie ein hilfloser Anfänger. Vor zwei Tagen hatte ich vergebens versucht, den Reisebericht an eine große Zeitung zu verkaufen. Woher sollten die auch wissen, dass eine Zugfahrt in den Süden Spaniens heutzutage exotischer sein kann als ein Flug zum Südpol, allein schon deshalb, weil sie viel länger dauert? Im Reisebüro der dänischen Staatsbahnen wusste man das. Es war seit Jahren die erste Reise dieser Art, die sie verkauft hatten.

„Sind Sie sicher?" fragte die Dame neugierig und voll Verwunderung, als ich die Fahrkarte reservierte.

Ich wollte ihr nicht unbedingt erklären, dass ich vor Jahren aufgehört hatte zu fliegen, musste aber lächeln angesichts des Paradoxes, dass ich mich auf eine zweitägige Zugreise nach Spanien begab, um im Grunde doch zu fliegen. Na ja, nicht mit dem Flugzeug, aber immerhin ...

Der charakteristische, fettige Geruch des Tagesgerichtes – Fleisch, Soße, Rotkohl und Kartoffeln – mischte sich mit dem Gestank von zuviel Rauch und Nikotin, sodass mir übel wurde und ich mich konzentrieren musste, um mich nicht auf der Stelle zu übergeben. Obwohl es warm war und ich den Schweiß auf der Stirn spüren konnte, fror ich. Dabei zitterte ich so sehr, dass ich meine Flasche Wasser mit beiden Händen festhalten musste. Ich trank einen Schluck und versuchte, an etwas anderes zu denken.

„Sitzt da nicht Lars Muhl?" Eine übertrieben optimistische Stimme durchschnitt den Lärm von Geschirr und Besteck. Ich blickte auf und nickte automatisch. Ein erwachsener Mann hielt mir Serviette und Kugelschreiber hin.

„Könnte ich ein Autogramm von Ihnen haben?"

Er lächelte das Mädchen an seiner Seite an, vermutlich seine Tochter. Mir wurde übel. Schweiß strömte mir über das Gesicht. Ich ergriff den Kugelschreiber und schrieb, während ich mich von der Bank erhob. Dann lief ich, so schnell ich konnte, zur Toilette.

Als ich zurückkam, waren der Mann und seine Tochter verschwunden. Es war seit Jahren das erste Autogramm, das ich geschrieben hatte. Und das gerade jetzt, wo ich das alles für immer hinter mich gebracht hatte. Am Nachbartisch saß eine Frau mittleren Alters und klammerte sich an ihr Bier. Mürrisch und missbilligend guckte sie mich durch ein blaues Auge an, und ich konnte beinahe hören, wie sie dachte: „Was zum Teufel glaubst du, wer du bist?" Nun ja, genau das wüsste ich auch sehr gerne. Ich schloss die Augen und versuchte, mich auf meine jetzige Situation zu konzentrieren. Aber irgendwie wanderten meine Gedanken immer wieder zurück. Zurück zu jenem Tag, an dem meine Karriere als Sänger definitiv endete und meine jetzige Reise begann. Zurück zu all dem, was dem Hier und Jetzt vorausgegangen war.

Ich bin mir immer darüber im Klaren gewesen, dass eine Person mehr ist als ihre Persönlichkeit, dass der wirkliche Mensch sich irgendwo hinter all den Verteidigungslinien und Schutzmechanismen wie Titel, Karriere und Job befindet, dass, egal wie bekannt, reich und umschwärmt man ist, es in der ganzen Welt nicht genug Fans, Geld und Aufmerksamkeit gibt, um das Loch zu stopfen und den Schmerz zu betäuben, den dieser ganze Zirkus mit sich bringt. Ich wusste immer schon, dass, egal wie verschieden unsere Lebensbedingungen sind und egal wo wir uns auf der sozialen Leiter befinden, alles letzten Endes merkwürdig illusorisch erscheint, wenn man es aus der Perspektive der Ewigkeit betrachtet.

Seit meiner Kindheit kenne ich eine andere Wirklichkeit. Zwischen meinem zehnten und zwölften Lebensjahr hatte ich jeden Abend, ehe ich einschlief, fremdartige, schmerzhafte Kundalini-Erfahrungen, was dazu führte, dass ich in diesen Jahren fast nicht schlief. Da ich mit niemandem über diese Erlebnisse reden konnte, wurde ich immer introvertierter und war kaum noch in der Lage, meinen Alltag zu meistern. Situationen, in denen ich mit anderen Menschen zu tun hatte, bereiteten mir Probleme und auch in der Schule wurde ich immer schlechter. Das hinderte mich jedoch nicht daran, selbst zu lesen. Als ich fünfzehn war, erhielt ich mit der Post das Buch des Sufi-Mystikers Hazrat Inayat Khan *Gayan, Vadan, Nirtan*. Von wem, weiß ich nicht. Aber das Buch war eine Offenbarung und inspirierte mich, andere von Khans Büchern zu lesen. Das Problem war nur, dass alles, was ich las und studierte, irgendwie an mein Wissen von einer anderen Wirklichkeit anknüpfte und sich daher in völligem Gegensatz zu dem befand, was ich in der Schule zu lernen hatte. Als ich diese 1966 schließlich verließ, um mich in das intensive Leben eines Musikers zu stürzen, geschah es in der Hoffnung, dass dies die Wirklichkeit , die mich so verdammt einsam gemacht hatte und für die sich niemand außer mir zu interessieren schien, ein für allemal verdrängen würde.

Mein Vorhaben schien zu gelingen, bis das Schicksal die Band, in der ich spielte, 1969 für eine mehrmonatige Tournee nach Israel führte. Wir spielten für die Soldaten in den Ferienlagern der Armee, für die Studenten an den Universitäten, für die jungen Leute in Clubs und Diskotheken. Drogen waren fast obligatorisch, aber in Israel damals unglücklicherweise auch verboten. Bei einer Razzia im Hotel wurden wir mit Haschisch und Amphetaminen erwischt und mussten etwa eine Woche in dem berüchtigten Untersuchungsgefängnis in Jaffa außerhalb von Tel Aviv verbringen. Eine steinerne Pritsche zum Schlafen, kaltes Wasser zum Waschen, ein Loch in der Mitte der Zelle zum Verrichten der Notdurft und ein paar äußerst primitive Umgangsformen unter den Mitgefangenen und Gefängniswärtern weckten mich aus meinem Dornröschenschlaf.

Auf einer Runde im Gefängnishof zeigte mir ein Mithäftling die Löcher in der Erde, jedes zwei mal zwei Meter groß, in denen man die Geisteskranken, Mörder und Sexualverbrecher „verwahrte". Dort saßen sie, jeder in seinem Loch mit einem eisernen Gitter über dem Kopf; tagsüber war es ein brennender Ofen, in der Nacht ein eisiger Kühlschrank. Jedes Mal, wenn ein Häftling vorbeiging und die unglücklichen Kreaturen bespuckte oder mit Steinen bewarf, reagierten sie mit unartikuliertem, hysterischem Geheul und infernalischem Lärm, der dadurch entstand, dass sie ihre Ketten gegen die Eisengitter schlugen. Es war schwer nachzuvollziehen, dass der amerikanische Astronaut Armstrong fast zur gleichen Zeit seinen Fuß mit den Worten: „Dies ist ein kleiner Schritt für einen Menschen, aber ein gewaltiger Sprung für die Menschheit" auf den Mond setzte. Ich für meinen Teil konnte es jedenfalls nicht verstehen. Was sollte das bedeuten? War das ein kosmischer Witz oder ein Teil der Art, wie zivilisierte Menschen den ultimativen Dualismus pflegten, der das Leben immer in schwarz und weiß, Himmel und Hölle aufteilte?

Es war, als ob alles, was während der drei Monate in Israel passierte, meinen Sinn für das Übernatürliche, den ich bis dahin verzweifelt zu verstecken versucht hatte, schärfte. Ich weiß nicht, ob es mit der uralten, historischen Umgebung und all ihren Mythen und religiösen Traditionen zu tun hatte, jedenfalls hatte ich immer wieder Visionen von einer längst vergangenen Zeit und hörte Stimmen aus einer fremden und doch vertrauten Welt. Außerdem traf ich zum ersten Mal in meinem Leben einen anderen Menschen, dem es genauso ging wie mir: Simon. Ein dreizehnjähriger jüdischer Junge, der auch von dieser anderen Wirklichkeit wusste.

Eines Tages, als ich auf unserer Terrasse zur Straße hin saß, ging er zufällig vorüber. Schon als ich ihn von weitem auf mich zukommen sah, wusste ich, wer er war. Als er die Terrasse erreicht hatte, blieb er stehen. Auch er hatte mich erkannt. Ich lud ihn zum Tee ein und von da an sahen wir uns fast täglich. Eines Tages schenkte er mir eine Kette mit einem Anhänger, den er filigran bearbeitet hatte. Es war eine Kugel mit einem Stück Zedernholz darin, an der ein spiralförmiger Kegel besfestigt war. Die Kugel symbolisierte die Erde, das kleine Stückchen Zedernholz König Salomons Tempelbaum (den Kosmischen Baum, der magische Kraft besaß) und die Spirale den ewigen Kreislauf von Tod und Wiedergeburt sowie die Verwandlung von Materie in Geist. Als ich ihn anlegte, durchströmte mich ein großes und bestätigendes JA. Es fühlte sich wie ein Segen an.

Meine Begegnung mit Simon und meine übernatürlichen Erlebnisse veranlassten mich zu glauben, dass ich nun den Ort gefunden hatte, wo ich hingehörte, und in meiner Euphorie vergaß ich die Realität um mich herum. Vielleicht ist an dem Spruch, dass eine Kette nicht stärker ist als ihr schwächstes Glied, etwas dran, denn eines Tages entdeckte ich, dass die Kette mit dem Schmuckstück weg war. Es war wie ein böses Omen. Und doch ein erneutes Erwachen. Diesmal zu der unvermeidlichen Tatsache, dass es Zeit war, nach Hause zurückzukehren. Kurz vor der Abreise hatte ich meine erste außerkörperliche Erfahrung.

Jetzt, mehr als dreißig Jahre später, saß ich in Kopenhagens Hauptbahnhof und fühlte mich auf andere Weise vom Körper losgelöst – eher fehl am Platz. Wer oder was hatte mich hierher bestellt? War es die Zeit – meine Zeit –, die endgültig dabei war, den Punkt der Ewigkeit zu erreichen, an dem sich ihre Enden verbinden und zwei Wirklichkeiten zu einer werden?

Jedes Leben ist eine Reise und meins war keine Ausnahme. Doch war ich in eine Sackgasse geraten oder näherte die Reise sich ihrem Ende? In vielerlei Hinsicht war mein

Leben ein Fiasko, wenn man es aus der traditionellen Auffassung heraus betrachtete, was ein gutes Leben sei. Mehr als dreißig Jahre lang hatte ich einen ungleichen Kampf mit einer Karriere als Musiker und später als Sänger ausgefochten. Ich hatte es durchaus zu etwas gebracht, aber jedes Mal, wenn es ernst wurde, gab es etwas in mir, das in eine andere Richtung zog, weg von Öffentlichkeit und Oberflächlichkeit, von Promotion und Pflicht. Und allmählich eroberte dieses Etwas mehr und mehr meine Wirklichkeit.

Jetzt saß ich hier und betrachtete das Ganze aus der Ferne. Ich sah die Lüge, mit der ich mich selbst betrogen und die mich in einem Zustand gefangen gehalten hatte, der zuletzt unerträglich geworden war, weil er mich krank machte. Viel zu lange hatte ich geglaubt, die beiden entgegengesetzten Wege miteinander vereinen zu können: einerseits ein Teil der Musikszene zu sein, mit allem, was dazu gehört, und andererseits wie ein Mystiker ein Leben in Stille und Vertiefung zu führen. Mich einerseits in einer statischen, einspurigen, einseitig intellektuellen und ausschließlich materiell fixierten Welt zu bewegen, und gleichzeitig die andere, verborgene und völlig andersartige Wirklichkeit wiederzuentdecken und mit ihr vertraut zu werden – das war einfach unmöglich! Als ich beim Roskilde Festival 1991 im großen Zelt auf der Bühne stand, überfiel mich mitten im Song urplötzlich die Frage: „Was machst du eigentlich hier?" Auf einmal konnte ich mich selbst von außen sehen, konnte hören, wie ich mit dem Publikum redete, wie ich mit einem heiseren „Hey, Hey, Hey" versuchte, die Fassung wiederzugewinnen und die Verbindung zur Festival-Wirklichkeit wiederherzustellen, die sich langsam in einem Dunst von Bier und besinnungslosem Rausch auflöste. Es war absolut surreal und natürlich unmöglich; denn, wenn man erst mal mitten in einem Ritt ist, ist es zu spät, das Pferd zu wechseln. Noch am gleichen Abend entschloss ich mich, die Tournee zu beenden, und noch im gleichen Jahr verließ ich meine Heimatstadt und zog auf eine kleine Insel.

„Der Zug nach Köln, Abfahrt 18:45 Uhr, fährt in zirka dreißig Minuten auf Gleis drei ein", verkündete eine metallische Stimme aus dem Lautsprecher.

Ich schaute auf meine Armbanduhr. Ich fühlte mich wie eine Insel im Meer der mit Dunst und essenden Menschen gefüllten Cafeteria. Es gab kaum noch einen freien Platz. Ich kaufte noch ein Mineralwasser. Schwindel und Übelkeit waren jetzt fast weg. Draußen in der Ankunftshalle hatten die Bettler sich zitternd und frierend auf die Bänke verteilt und versuchten zusammengekauert den letzten Rest Wärme zu bewahren. Die Vorübereilenden würdigten sie keines Blickes. Völlig zugeknöpft, den Blick starr nach vorn gerichtet, sah es im Großen und Ganzen so aus, als sei da sowieso niemand, der merkte, was um ihn herum geschah. Alle hatten anscheinend an sich selbst genug. Was sie wohl dachten? Wohin sie wohl unterwegs waren? Und was war mit mir? Hatte ich nicht genug an mir selbst? Hatte sich meine Fähigkeit, mich in sozialen Zusammenhängen zu bewegen, verbessert, seit ich mich auf eine Insel zurückgezogen hatte? Wohl kaum. Aber ich hatte es getan, weil ich es tun musste.

Wie oft hatte ich schon Menschen getroffen, die sich wünschten, wohlhabend genug zu sein, um sich ins ländliche Idyll zurückziehen und sich selbst zu verwirklichen. Aber so war es ja gar nicht. Ich war nicht wohlhabend. Im Gegenteil. Der materielle Verzicht, den der Zusammenbruch meiner Karriere verursacht hatte, würde den meisten Menschen in einem Wohlfahrtsstaat Alpträume verursachen. Der Prozess, den ich durchgemacht hatte, war eine widersinnige Mischung aus existenzieller Demontage und mentalem Zusammenbruch.

Als ich mich auf der Insel eingelebt hatte, fing ich an zu schreiben, was ich als natürlichen Bestandteil meiner Aufgabe, in meinem Leben aufzuräumen, verstand. Nach und nach begann ich zu verstehen, dass die Sprache ein wichtiger Teil meiner Verwandlung war, und nach der Veröffentlichung meines ersten Buches folgten weitere. Ich war so fasziniert von den ersten taoistischen und buddhistischen Schriften, dass ich mich weiteren umfangreichen, vergleichenden Studien der Religion, der christlichen Mystiker, des Sufismus, verschiedener okkulter Richtungen und der christlichen Ketzerbewegungen zuwandte. Zuletzt hatte ich ein Selbststudium in Aramäisch begonnen, der Sprache, die Yeshua (Jesus) vermutlich gesprochen hat. Tägliche Phasen der Stille und Meditation vergrößerten den Abstand zu meinem früheren Leben immer mehr. Aber irgendetwas in mir hielt selbstgefällig an dem letzten, kleinen, verhärteten Rest dessen, was noch von meiner kunterbunten Karriere im Showgeschäft übrig war, fest.

Bis zu dem Tag, an dem die Umstände mir halfen, endlich den Entschluss zu fassen, vor dem ich ständig zurückgewichen war. Während der Aufnahme von „Mandolina", das, wie sich später herausstellte, mein letztes Album sein sollte, teilte das Plattenlabel mir mit, dass man nach der Fusion mit einer multinationalen Gesellschaft beschlossen hatte, die Zusammenarbeit zu beenden (ehe sie richtig angefangen hatte), aus Gründen, die ich nie erfahren habe. Das bedeutete, dass der Vertrag, den wir gerade abgeschlossen hatten und der die Aufnahme einer weiteren Platte beinhaltete, gekündigt wurde. Das Label akzeptierte nur widerstrebend, dass ich das, was ich gerade tat, beenden wollte. Die viele Arbeit, die ich bereits investiert hatte, war zwar nicht völlig umsonst gewesen, dennoch wurde die Platte auf jeden Fall unvollendet veröffentlicht. Es war in vielerlei Hinsicht sehr frustrierend.

Die Branche war mir nicht mehr wohlgesonnen. Die kommerziellen Erwartungen an meine Songs waren nicht erfüllt worden und von einem Tag auf den anderen stand ich ohne die Einnahmen da, von denen ich hätte leben sollen.

War das alles Ironie des Schicksals oder die Folge des Versuchs einer immer kommerzieller werdenden Branche, das Plattengeschäft von den letzten fremdartigen Elementen zu säubern? Ich musste an ein Gespräch zwischen zwei Direktoren der Musikbranche denken, dass ich einmal zufällig mit angehört hatte, in dem der eine trocken bemerkte, dass abgesehen von den Künstlern das Musicbusiness eigentlich kein schlechter Arbeitsplatz sei.

Ein umfassender Teil meines Lebens schien vorüber zu sein. Es passierte einfach so, wie mit einem Fingerschnippsen. Erst später verstand ich, dass es einem lange nicht verziehen wird, wenn man sich dem Rampenlicht entzieht, da es ja nun einmal das Rampenlicht ist, von dem die meisten Künstler glauben, dass sie es mehr oder weniger zum Leben brauchen. Mein Problem war jedoch, dass ich nicht dorthin gehörte. Nun begann also der rasante Abstieg. Der Abstand zwischen den Anrufen wurde immer größer und zum Schluss hörte das Telefon ganz auf zu klingeln. Und als ich herausfand, dass ich selbst auch niemanden hatte, den ich hätte anrufen können, zog ich den Stecker raus und kündigte meinen Vertrag. Ich hatte bekommen, was ich wollte. War es nicht so? Auch wenn es bedeutete, dass meine ökonomische Situation sich von einem Tag auf den anderen vom Erträglichen ins beinahe Unterträgliche entwickelte, so hatte ich vielleicht doch endlich den Punkt erreicht, an dem es kein Zurück mehr gab. Vielleicht war ich endlich dabei einzusehen, dass es an der

Zeit war, mich um mein wirkliches Selbst zu kümmern. Verstand ich endlich, dass das Leben zu kurz war, um es mit Belanglosigkeiten zu vergeuden?

„Der Zug nach Köln fährt in wenigen Minuten auf Gleis drei ein!"

Mir wurde schwindlig, als ich mich bückte, um meine Koffer zu nehmen. Aber als ich die Ankunftshalle durchquerte, spürte ich einen leichten, elektrischen Impuls in meiner Wirbelsäule. Es fühlte sich an, wie eine ganz feine Spannung, deren Energie sich langsam im Rest meines Körpers verbreitete und jegliche Unpässlichkeit verschwinden ließ. Ich warf zwanzig Kronen in eine Sammeldose, ehe ich hinunter zum Gleis und dem wartenden Zug entgegenging.

2

Ich hob den Koffer auf das oberste Bett. Es war mit einer verblichenen Wolldecke und einem Laken bedeckt, das sehr stark nach einem undefinierbaren, kräftigen Desinfektionsmittel roch.

Mit dem Schlafwagen der 2. Klasse zu reisen, ist nur etwas für Menschen, die mit wenig Gepäck unterwegs sind. Alle Dimensionen entspringen einem minimalistischen und asketischen Weltbild. Die Größe von Schlafplatz, Waschraum und Toilette deuten an, dass das Reisen nur ein Übergang ist, nur ein diskretes Intermezzo in einer langen Reihe von Ankunft und Abfahrt, Willkommen und Abschied, Sehnsucht und Erwartung, Küssen und Umarmungen, Tränen und Traurigkeit, die man unterwegs erlebt und die die flüchtigen Stationen einer jeden Zugreise und eines jeden Lebens kennzeichnen. Paradoxerweise ist dies auch der Beweis dafür, dass der Mensch und sein Dasein mehr als ein zufälliges Geflecht unbeständiger Eigenschaften und unvorhersehbarer Einflüsse sind.

Das Leben ist Ausdruck eines Ganzen, egal wie fragmentarisch es scheinen mag. Es dauerte viele Jahre, ehe ich das begriff. Erst als ich mein eigenes Leben als so eingeschränkt und begrenzt empfand, dass ich meinte, nicht genug Platz zum „da sein" zu haben, erst als ich all das verloren hatte, von dem ich glaubte, es nicht entbehren und ohne es nicht leben zu können, also all das, was in Wirklichkeit das Dasein kompliziert und unmöglich macht, erst da fing ich an zu ahnen, wie großartig und unbegrenzt das Leben in all seiner Einfachheit sein konnte. Aber diese Erkenntnis war schmerzhaft.

Anzudeuten, dass es vielleicht eine andere, offenere und viel freiere Wirklichkeit gab – dass ein Ton zum Beispiel pyramidenförmig sein konnte und Vergebung schneller als das Licht –, war dasselbe wie es darauf anzulegen, auf dem Scheiterhaufen einer betäubten Zeit voller lärmendem Schweigen und herablassendem Sarkasmus verbrannt zu werden. Das sage ich Ihnen!

Das Schlafwagenabteil war voll, als der Zug mühsam anfuhr. Der Geschäftsmann im Bett gegenüber hatte unter großer Anstrengung und einem minutiös ausgearbeiteten Ritual folgend seine Abendtoilette beendet und einen blau-weiss gestreiften Pyjama angezogen. Im Bett darunter kämpfte ein korpulenter Deutscher mit seinem ebenso korpulenten Gepäck, und noch weiter unten tauschten zwei junge Kopenhagener Bierdosen und schlechte Witze aus, während ein älterer Herr im Bett unter meinem schon lautstark schnarchte. Ich ließ sachte los und schwebte in die frostklare Sternennacht hinaus, über die Schlafwagen hinweg und hinein in unbekannte Tunnel und die schwarzen Löcher fremder Universen, zurück zu dem Jahr, in dem ich hilflos im entferntesten Winkel des Labyrinths feststeckte, in der verfallenen Sackgasse meines eigenen Lebens.

Es war das Jahr, in dem ich die dunkle Seite der Seele kennenlernte. Es geschah in Form einer Reihe von Anfällen, die auf physischer Ebene bewirkten, dass ich lähmende Schmerzen im Nacken hatte; mir war übel, ich verlor alle Energie und musste oft mehrere Tage hintereinander im Bett liegen. Es war, als ob ich in einem Niemandsland zwischen bewusst und unbewusst, zwischen Wachen und Schlafen, in einem Zustand beleierner Schwere gefangen war. Eingeschlossen in einer beinahe hermetisch abgeriegelten Folterkammer, in der alles schwer und träge und zerschlagen war. Jeglicher Gedanke verschwand in einem apathischen Dämmerzustand, noch ehe er gedacht war. Schon die Vorstellung, nach einem Glas Wasser zu greifen, erschien mir als so unüberwindlich, dass ich es meistens sein ließ. Wenn ich hin und wieder zu mir kam, schaffte ich es gerade noch zu denken, dass dies die Hölle sein müsse, ehe ich wieder in bodenloser Finsternis versank. Etwas Vergleichbares hatte ich nur 1962 erlebt, als ich an meinem ersten Buch arbeitete, das entstand, während ich mich in einem ähnlichen Trancezustand befand.

Zwei Monate lang lebte ich damals in demselben Zimmer von Kaffee und Aspirin, während ich auf meiner alten Schreibmaschine vor mich hin klapperte oder bewusstlos auf einem genauso alten Sofa lag. Tag und Nacht verschwanden in einem monotonen Nebel und nur das Schreiben verwandelte ihn in eine Art Euphorie; ein unwirklicher, psychosomatischer Zustand, der nicht aufhörte, ehe der letzte Punkt im Buch gesetzt war.

Jetzt war dieser Zustand wieder da und führte dazu, dass ich während immer längerer Zeiträume nicht arbeiten konnte. Eine Reihe von Arztbesuchen, Untersuchungen in Krankenhäusern, bei verschiedenen Spezialisten und Heilpraktikern brachten kein Resultat. Einmal lag ich zwei Wochen lang fast bewusstlos im Bett und konnte nichts zu mir nehmen als Kekse und Wasser. Sogar als ich bei meinem Nachbarn umkippte und den Rest des Tages im Krankenhaus mit Sauerstoffgerät und am Tropf verbringen musste, konnte man die Ursache meines Zustandes nicht finden. Mit der Zeit verstärkte sich mein Gefühl, dass ich die Musik hinter mir lassen musste, weil sie von diesem anderen Ding in den Hintergrund gedrängt wurde. Die Krise war also total. Nach mehr als zwei Jahren in diesem Zustand wollte ich nicht mehr länger leben.

Und dann geschah, was geschehen musste. Es passiert mindestens einmal im Leben eines jeden Menschen, auch wenn man es vielleicht nicht immer wahrnimmt. Der Zustand, in dem man sich befindet, ist von solcher Art, dass man leicht im Niemandsland von Schmerz und Selbstbezogenheit verschwinden kann, dort, wo alles verloren und unbeweglich ist. Aber die Zeit war reif, weil ich reif war, denn ich sah keinen anderen Ausweg mehr und hatte keinen Ort, an den ich gehen konnte. Man bekommt ein Zeichen oder es erscheint ein Engel. In meinem Fall geschah Letzteres. Ein Engel erschien in Gestalt einer Kollegin aus der langsam wachsenden, aber immer noch kleinen und unsichtbaren Familie. Sie gab mir die Telefonnummer, die alles auf den Kopf stellen würde.

„Ruf den Seher an und lass dir helfen!" sagte sie, ehe sie sich wieder in Luft auflöste. Ich stand einfach nur da und starrte abwechselnd auf den Zettel, den sie mir in die Hand gedrückt hatte, und das Loch in der Luft, dass der Engel hinterlassen hatte. „Nur zwischen 8 und 9 Uhr", stand in Klammern hinter der Telefonnummer.

Der Seher ?

An dem Abend machte ich einen langen Spaziergang auf der Frederiksberg Allé, bevor ich völlig erschöpft in meinem Zimmer im Webers Hotel ins Bett ging.

In der folgenden Nacht hatte ich einen Traum. Darin gehe ich eine lange, verlassene Straße entlang. Plötzlich endet sie, ich stehe am Rand eines Abgrunds und schaue ins Universum hinaus. Die Stille wird von einem kaum hörbaren und doch unfassbar schönen, tragenden und tiefen Ton unterstrichen. Der Klang der Materie, der alles zusammenhält, ergreifend und unaussprechbar. Ich höre, wie ich Worte auf Aramäisch spreche: *„Nehwey sibyanak aykana d'shmaya aph b'arab."* Ich erinnere mich. *„Dein Wille geschehe im Himmel, also auch auf Erden."* Jetzt verstehe ich, was diese Worte in Wirklichkeit bedeuten: *„Lasse geschehen auf Erden, was in den Sternen geschrieben steht. Entfalte das Licht des Universums in jedem und durch jeden von uns, in Übereinstimmung mit den universellen Gesetzen.*

Als ich aufwachte, war es halb neun. Ich spürte sofort wieder dieses dumpfe, bleierne Gefühl am Rande meines Bewusstseins. Es dauerte etwas, ehe ich mich an die Ereignisse des gestrigen Tages erinnerte. Dann tauchten der Traum, der Engel und die Telefonnummer wieder auf. Benommen kam ich auf die Beine und fing an, in Jacken- und Hosentaschen zu suchen. Ich hatte kein Glück. Ich fühlte Panik in mir aufsteigen. Es war, als ob ich bereits wüsste, was ich verlieren würde, wenn ich mir diese Sache entgehen ließe. Endlich. Ich fand den Zettel in der Brusttasche meines Hemdes. Ich wählte die Nummer und hielt den Atem an. Es dauerte eine Ewigkeit. An der Reihe wechselnder Signaltöne konnte ich hören, wie mein Anruf langsam vom Hotelnetz in das der Telefongesellschaft weitergeleitet wurde. Ich wollte gerade auflegen, als die Verbindung endlich zustande kam – es war besetzt. Im Bauch die Schmetterlinge eines ganzen Lebens. Ein Blick auf die Uhr. Fast neun. Abwarten und noch einmal versuchen. Immer noch besetzt. Zehn Minuten nach neun, ich kam durch. Ich saß da und dachte, dass mein Anruf in diesem Augenblick irgendwo bei einem fremden Menschen einen Ton hinterließ und dass dieser Mensch beim Aufhören des Klingeltons beschlossen hatte, meinen Anruf nicht zu beantworten. Ich ließ es noch eine Weile klingeln und legte dann den Hörer auf.

Zurück auf der Insel verbesserte sich mein Zustand und ich fand wieder zu meinem alten Rhythmus zurück, einem Wechsel zwischen meinem Studium des Aramäischen, das mich nun völlig in Anspruch nahm, und Zeiten, in denen mir schwindelig war. Mehrere Male war ich versucht, noch einmal die Nummer anzurufen, die ich erhalten hatte, aber aus irgendeinem Grund schob ich es immer wieder hinaus.

Während ich allmählich tiefer in die aramäische Sprache eindrang, eröffnete sich mir eine ganz neue Welt. Schon 1989 hatte Edith R. Stauffer von Psychosynthesis International mir die Kopie eines aramäischen Auszuges aus dem Neuen Testament geschickt – *The Khaboris Manuscript*. Aus dem ging hervor, dass Aramäisch die Transpersonale Psychologie so vollkommen ausdrückt, dass die Syntax gleichzeitig das Zusammenspiel von Gedanken, Erkenntnis, Wahrnehmung, Vernunft, Urteilskraft, Gemütsstruktur, Auffassungsgabe sowie von menschlichen Haltungen und Verhaltensweisen beschreiben kann. Es unterscheidet nicht zwischen dem Mentalen, dem Physischen, dem Emotionalen und dem Geistigen oder zwischen Ursache und Wirkung. Das bedeutet, dass jedes Wort, jeder Begriff in seiner Wurzel absolut neutral ist, aber durch das Hinzufügen der Endungen „-ta" oder „-oota" aktiviert und wertbestimmt wird. Das alles war für mich eine bahnbrechende Entdeckung, die Yeshuas Worten eine neue, tiefere Kraft und Bedeutung gab, als diejenige, die ich der üblichen griechischen Übersetzung des Neuen Testamentes entnehmen konnte. Und langsam fing ich an zu verstehen, dass nicht nur die Bedeutung der Worte, sondern auch ihr Klang sowohl auf der physischen wie auch auf der geistigen Ebene eine Wirkung haben.

Damals ahnte ich noch nicht, welche Rolle diese Studien später einmal spielen würden.

In dieser Zeit, in der ich am meisten mit Leshana Aramaya beschäftigt war, hatte ich eines morgens einen so heftigen Anfall, dass ich kaum aus dem Bett kam. Aber ich wusste, dass es hieß: jetzt oder nie. Der kleine Zettel mit der Telefonnummer war mit einer Stecknadel an der Wand in meinem Arbeitszimmer befestigt. Alle Vorbehalte und alle Schmetterlinge waren verflogen, als ich den Hörer abhob und die Nummer wählte.

„Ja?", antwortete eine wohlartikulierte, neutrale Stimme. Ich stellte mich vor.

„Womit kann ich Ihnen helfen?", fragte die Stimme.

„Ich hätte gerne einen Termin", antwortete ich.

„Ich habe erst in einem halben Jahr wieder etwas frei. Was ist Ihr Problem?"

Ich erklärte meinen Zustand, so gut es ging.

„Einen Augenblick, ich will sehen, was ich tun kann!"

Es hörte sich an, als hätte er den Hörer hingelegt. Ich lauschte dem Klang der Stille, die in dem Raum am Ende der Verbindung herrschte, eine Art sanftes, weißes Rauschen, das sich ins Unendliche auszudehnen schien. Wie lange ich so dasaß, weiß ich nicht, aber plötzlich war die Stimme wieder da:

„Alles wird in Ordnung sein, bis wir uns wiedertreffen!"

Er gab mir die Adresse und legte auf.

Die Nacht
(Maske von Anne Maria Galmez, 1989 – Foto: Jan Jul)

Völlig überwältigt saß ich da, den Hörer in der Hand, bis ich ihn schließlich nach einer ganzen Weile wieder an seinen Platz legen konnte. Ich ließ die Gedanken über die Felder vor meinem Fenster schweifen. Plötzlich hatte ich das Gefühl, von einem Hammer getroffen zu werden, und ich wusste, dass ich zurück ins Bett musste, bevor ich in Ohnmacht fiel. Ich konnte gerade noch denken, dass dieser Seher nur wieder einer dieser Quacksalber sei, als ich in einen tiefen, traumlosen Schlaf hinüberglitt.

„Köln, in einer halben Stunde!", rief eine Stimme draußen auf dem Gang.

Ich öffnete die Augen. Auf dem Bett gegenüber stand nur noch der sorgfältig gepackte Koffer des Geschäftsmannes. Ein dichte Wolke von Aftershave und Zahncreme zeugte davon, dass er längst aufgestanden war. Ich guckte auf meine Uhr. Es war halb sieben. Auch der ältere Herr, der so laut geschnarcht hatte, war auf den Beinen. Der Deutsche war wohl in Hamburg ausgestiegen, denn er war mitsamt seinen Habseligkeiten verschwunden. Die beiden jungen Kopenhagener schliefen noch tief und fest. Ich zog mich im Liegen an und schlüpfte in meine Schuhe. Der Geschäftsmann stand sorgfältig frisiert und gekleidet im Gang und rauchte eine Zigarre. Vor der Toilette hatte sich eine Schlange gebildet. Als ich endlich an der Reihe war und ihren Zustand sah, entschloss ich mich, sie lieber nicht zu benutzen. Irgendjemand hatte das WC mit Toilettenpapier verstopft und dann anscheinend ins Waschbecken geschissen. Der Boden schwamm von Urin und der Gestank war unbeschreiblich. In der Dusche war es nicht viel besser. Ich packte meine Taschen und stellte mich in den Gang. Dort betrachtete ich die lebhaften Aktivitäten und konnte nicht umhin, mich zu fragen, wer von diesen netten Menschen so von sich selbst eingenommen war, dass er sich buchstäblich einen Scheiß um andere scherte.

Der Kölner Hauptbahnhof war, wenn das überhaupt möglich ist, noch kälter und ungastlicher als der Hauptbahnhof in Kopenhagen. Überall herrschte sehr viel Verkehr. Mehr oder weniger verschlafene Menschen waren auf dem Weg zur Arbeit. Ich hatte gerade noch genug Zeit, um auf die Toilette zu gehen und einen Kaffee zu trinken, ehe der Zug nach Paris abfahren sollte. Ich setzte mich in einem Bistro an einen Tisch und überlegte, warum wir so beschäftigt sind, dass wir nicht wahrnehmen, was um uns herum vorgeht. In fünfzig Jahren würden alle diese Menschen tot sein oder im Altersheim sitzen und an ihr hektisches Leben zurückdenken, während der Bahnhof genauso voll wäre, nur dass es dann andere geschäftige Menschen sind. Und wenn die weg sind, folgen wieder neue. Die Kulissen überleben die Schauspieler, Statisten und Stars in einem ewigen Wechsel, ein Team nach dem anderen. Weiter, weiter, nicht aufschauen und schon gar nicht zurück, als ob keiner sich traute anzuhalten aus Furcht, das Gesicht zu verlieren oder vielleicht wie der Obdachlose in der Ecke oder der Bettler auf der Bank zu enden. Vielleicht ist es besser, bis zu dem Tag, an dem wir alle diesen Ort verlassen müssen, die Illusion einer ewig dauernden, materiellen Sicherheit zu bewahren und all das andere zu vergessen. Eine ewige Flucht vor der Stunde der Wahrheit.

War es diese Stunde, die mich zu guter Letzt eingeholt hatte? An dem Tag, an dem ich glaubte, wieder einmal einen Quacksalber angerufen zu haben? Wenn mir jemand erzählt hätte, dass ich in dem Schlaf, in den ich hineinglitt, sterben würde, hätte ich es als eine vernünftige Lösung akzeptiert. Aber so sollte es nicht sein. Nach einer halben Stunde erwachte ich in einer neuen Welt. Ich merkte sofort, dass alles anders war, konnte es aber kaum glauben. War ich wirklich zu einem neuen Leben erwacht? War der mehr als zwei Jahre andauernde Alptraum wirklich vorbei?

Zum ersten Mal befand ich mich in der Nähe von etwas Friedlichem. Aber obwohl die Schmerzen weg waren, hatte ich sie nicht vergessen. Dagegen erlebte ich vielleicht eine tiefere Dimension der Dankbarkeit. Meine Gedanken kehrten immer wieder zu der Stimme am Telefon zurück. Sie war ohne Anstrengung durch meinen Panzer gedrungen und hatte eine schmerzende Stelle geöffnet, die allzu lange verschlossen gewesen war. Nach dieser wunderbaren Verbesserung meines Zustands, war diese Stelle nun bloßgelegt und wartete darauf, dass ich selbst aufwachen und die Wunde heilen würde. Und ich sah, wie schön und wie hässlich der Schmerz war. Sah, dass er genauso sehr Tier wie Mensch war. Sah, dass man ihn streicheln konnte wie eine Katze. Das Wesen des Schmerzes ist so unbarmherzig, wie eine Katze es zu sein scheint, wenn sie mit der Maus spielt, ehe sie sie tötet. Aber wie ein Tier nicht wirklich böse sein kann, da es nur seiner Natur folgt, folgt der Schmerz so lange den Gesetzen, die für ihn gelten, bis der Mensch begreift, dass diese Gesetze nicht statisch, sondern beweglich sind und dass, wer leidet, geheilt und transformiert werden kann. „Einen Menschen, der zum Tode verurteilt wurde, kümmert es nicht, was es im Theater gibt», schrieb Johannes Klimakos schon im Jahre 630.

Ich fing an zu verstehen, welche Rolle der Schmerz für mich gespielt hatte, wie er auf einer anderen Ebene als der der Vernunft meine Augen für die Leiden anderer Menschen geöffnet hatte. Ich fing an zu verstehen, dass jeder Schmerz ein Werkzeug im Dienste einer höheren Sache ist, weil er auf die Dauer jede Art von Urteil und jede Art von Halbherzigkeit unterminiert, ja weil er bis ins Innerste dringt. Auf sehr effektive Weise verwandelt er Selbstmitleid und Egoismus in Mitgefühl und Aufmerksamkeit. Dies alles mit Leib und Seele zu verstehen, wurde erst an dem Tag möglich, als der Schmerz verschwand, und das verdankte ich einem Menschen, den ich nicht kannte und niemals getroffen hatte.

Einige ganz entscheidende Gewohnheiten in meinem Leben fingen an, sich aufzulösen. In all der Zeit, die ich auf der Insel gewohnt hatte, hatte ich begonnen, die äußere Umgebung, die Natur, den Wald, das Meer und die Elemente intensiver und auf eine Art zu erleben, die mir die Augen für die entsprechende Natur – die Elemente – in mir selbst öffnete. Über längere Zeit sah ich keinen anderen Menschen. Nicht weil ich mich bewusst isolieren oder der Gesellschaft anderer entziehen wollte, sondern weil es notwendig war, um zu dem zu finden, das sich viel zu lange hinter einer Karriere im Rampenlicht versteckt hatte. Ich hatte eine neue Einfachheit erlebt, die manchmal so intensiv war, dass es sich anfühlte, als ob ich dabei war zu verschwinden. Ich begann zu lernen, meine Gedanken zu fokussieren. Ich übte, sie zu kontrollieren, zu ignorieren oder ihnen freien Lauf zu lassen. Es war beinahe erschreckend leicht, der Versuchung nachzugeben, einfach loszulassen. Alles hinter mir zu lassen und in der Stille zu verschwinden. Es war ein Zustand, der es mir bestimmt nicht leichter machte, ganz da zu sein. Andererseits wusste ich, dass es keinen Weg zurück gab. Obwohl das in mancher Hinsicht alarmierend war, fühlte ich, dass die Dankbarkeit, die all dem zugrunde lag, zu einer sehr tief empfundenen Realität wurde, von der ich immer schon gewusst hatte, dass sie existierte, und die mir nun eine ganz neue Offenheit verlieh. Es war weder besonders melancholisch noch besonders melodramatisch. Es geschah einfach so. So, wie eine alte Biene im Sommer in Zeitlupe an einem Fenster herumsummt, wohl wissend, dass sie bald sterben wird. Nicht, dass sie nicht hätte hinausfliegen können. Aber warum sollte sie das tun? Sie konnte ja alles durch die Scheibe sehen. Ich war keine Biene, aber ein Teil von mir kannte den Zyklus der Bienen. Es geschah an einem Tag, an dem ich in den Wald ging. Ich schwebte plötzlich über der Lichtung und landete auf einem Baumwipfel. Ich saß einfach da und fiel aus der Zeit hinaus – hinein ins Universum, ins Zentrum. Ich sah, wie schön das Leben sein kann. Ganz unaufgeregt und ohne Filter. Aber ich spürte schnell, dass ich nicht allzu lange in dieser Offenheit bleiben sollte. Nicht als Mensch. Denn ich könnte mein Ziel vergessen und mich verirren, so dass ich nicht mehr in der Lage wäre, zurückzufinden.

Als ich dort im Baumwipfel saß und an nichts dachte, war es, als ob ich mich in einem inneren Raum befand. Dort musste es eine Öffnung geben, denn ein mildes, gedämpftes Licht fiel hinein. Die Schatten, die entstanden, verwandelten sich in eine Art von Verständnis und waren keine Hindernis mehr. Ich saß ganz still. Ohne Anstrengung. Ohne Wünsche. Ich spürte, wie die Wände sich auflösten und verschwanden, als wäre ein Schleier weggezogen worden. Alles geschah in nur einer Bewegung. Nichts anderes existierte. Ich befand mich mittendrin, wie ein schwaches Zittern. Langsam breitete ich die Arme aus. Das Licht fiel auf mich nieder wie leuchtender Regen, der mich mit etwas erfüllte – jenseits von Worten. Die Stille ist ein Teil der Wahrheit. „Gewissheit" ist das einzige Wort, das es vielleicht ausdrücken könnte. Ich versank in der Gewissheit, in der alles vereint ist und aus der wir stammen und in die wir gehören. Es gab kein *Drinnen* und kein *Draußen*, kein *Ich will* oder *Ich muss,* nur diese stille Gewissheit. Etwas entfernt sah ich mein altes, aufgebrauchtes Selbst an einem kreuzförmigen Baum hängen. Nicht jämmerlich. Ohne Schmerz. Ohne Schuld. Ohne Sünde. Ohne

Scham. Alles war Einheit. Im Licht. Hier! Und im selben Augenblick wusste ich, dass gerade jetzt eine alte Biene auf meinem Fensterbrett starb. Ich glitt vom Baum hinab. Ich konnte alles sehen. Das Leben strömte ungehindert durch mich hindurch. Im Wald kam ich wieder zu mir, in einem Strom von Tränen.

Das also war die Freiheit. Ich hatte sie gesehen. War in ihr gewesen. Wenn auch nur für einen Augenblick. Ich war ekstatisch, aber auf eine sonderbar stille Art, obwohl mein Herz raste. Denn ich hatte nicht den mindesten Zweifel, dass ich in meinem tiefsten Inneren gewesen war, völlig befreit von der endlosen Folge großer und kleiner Bedürfnisse, die uns normalerweise blind machen.

Nach ein paar Tagen in einem friedvollen, offenen Still-stand fühlte ich mich plötzlich orientierungslos, ein Zustand, der sich bald in Traurigkeit verwandelte. In dem Maße wie die greifbare Wirklichkeit wieder näher heranrückte, wurde mir der tiefe Abgrund zwischen den beiden Zuständen schmerzhaft bewusst, und es war schwer zu erkennen, wie sie je vereint werden sollten.

In dieser Zeit verschwand auch der letzte Rest meines Interesses am oberflächlichen Zirkus des Showgeschäfts. Ich ertrug es einfach nicht mehr, mich damit zu beschäftigen. Es ging mir schon lange so, aber erst jetzt verstand ich es auch auf physischer Ebene. Die vielen einsamen Jahre auf der Insel, ohne Zeitung, Radio und Fernsehen hatten es mir leichter gemacht, zu den Grundlagen des Lebens zurück-zufinden, leichter, alle Masken loszuwerden, zu sehen, dass das Echte und Verwundbare in mir, von dem ich irrtümlich gedacht hatte, es seien Fehler oder Schwächen, die es zu ver-bergen galt, in Wirklichkeit die einzig wahren Voraussetzun-gen meiner Existenz darstellten. Dadurch, dass ich so lange weitab von allem gelebt hatte, hatte ich mir selbst sämtliche

Fluchtwege abgeschnitten, mit denen wir uns normalerweise beschäftigen. Ich hatte selbst erlebt, wie ich mich nur allzu oft an der unendlichen, rastlosen Jagd auf Ersatzbefriedigungen beteiligte, die das Leben versüßen und verhindern sollen, dass wir es genauer betrachten. Uns wurde immer gesagt, dass der Schmerz aufhören würde, wenn wir uns buchstäblich von der Stelle entfernten, an der wir uns zu einem bestimmten Zeitpunkt befanden. Dass es nie gut genug war, dort zu sein, wo wir gerade waren, dass das Fest woanders stattfand. Diese Haltung war mehr oder minder der Ursprung der gesamten gesellschaftlichen Struktur der westlichen Welt. Nur auf dieser Grundlage hatte sich die Illusion aufrechterhalten lassen, dass es moralisch vertretbar sei, das ungehemmte Wachstum und die Überproduktion unnötiger Verbrauchsgüter und betäubender Unterhaltung beizubehalten. Und ich begriff, dass selbst die scheinbar sinnvollen Illusionen genau genommen auch als Unterhaltung angesehen wurden. Sie waren nur eines mehr in der Reihe der sich selbst verstärkenden Alibis, auch wenn diese die Illusion möglicherweise erträglicher machten.

Natürlich war mir sehr bewusst, dass ich nicht der Erste war, der all das erkannt hatte. Ich wusste, dass ich durch die Krisen hindurchmusste, die entstehen, wenn einem der Teppich unter den Füßen weggezogen wird und alte Lebensweisen plötzlich in sich zusammenfallen. Wenn ich nicht von der Musik leben sollte, wovon dann? Wenn ich nicht länger Sänger war, wer war ich dann? Es war beängstigend, plötzlich ohne nennenswertes Einkommen dazustehen. Beängstigend, nicht zu wissen, woher die nächste Miete kommen sollte. Und es war umso beängstigender, je deutlicher es wurde, welche große Rolle diese Art von Sicherheit in meinem Leben gespielt hatte. Die Furcht, das Wenige, das ich noch besaß, zu verlieren, hatte wie eine unsichtbare Kraft auf der Lauer gelegen und mein Leben gesteuert. Es war das Jahr, in dem ich die Entscheidung traf, ganz und gar loszulassen. Das Jahr, in dem das Album erschien, das das endgültige Aus meiner Karriere kennzeichnete. Das bange Gefühl im Bauch – das große Loch im Herzen.

An dem Tag, an dem das Album herauskam, ging ich zum Strand hinunter, um die angekündigte Sonnenfinsternis zu sehen. Es war ein ganz außergewöhnliches Erlebnis zu sehen, dass alle großen und kleinen Steine, so weit das Auge reichte, hochkant standen, als ob sie zur Sonne hin zeigten. Ein Zeichen? Vielleicht, dass die Nacht fast zu Ende war.

Ich lief, so schnell ich konnte. Die Stimme im Lautsprecher hatte gerade angekündigt, dass der Zug nach Paris in wenigen Minuten abfahren würde. Ich warf den Koffer durch die Zugtür und konnte gerade noch aufspringen, ehe der Zug anfuhr.

3

Im Laufe eines halben Jahres zerfielen auch die letzten Reste meines Lebens. Der klaustrophobische Zustand, der ein fester Bestandteil der alten Welt gewesen war, wurde nun von der offenen und erhebenden Leichtigkeit abgelöst, die einen ergreift, wenn man am Rande eines Abgrundes steht und ins Universum schaut – man weiß genau, dass man im nächsten Augenblick einen Schritt vorwärts gehen und im Blau verschwinden wird. Dieses halbe Jahr fühlte sich an wie eine Ewigkeit. Nie war ich so arm gewesen und hatte mich gleichzeitig so reich gefühlt. Ab und zu wurde ich von der Vergangenheit eingeholt und musste doch noch eine Runde auf der großen Achterbahn fahren. Ein Vertrag über ein Musical, das ich schreiben sollte, wurde ohne Vorwarnung gekündigt, und es schien mehr als nur ein Zufall zu sein, dass so die scheinbar letzte Tür, die mich mit der Welt der Musik verband, mit einem lauten Knall vor meiner Nase zuschlug. Zur gleichen Zeit erhielt ich einen Brief von der Zeitung, für die ich ab und zu Bücher besprach. Sie schrieben, dass es ihnen sehr leid tue, aber dass sie die Zusammenarbeit mit mir beenden müssten. Ich fühlte mich in jeder Hinsicht als Persona non grata. Während dieser Phasen war es immer noch schwer, einzusehen und zu akzeptieren, dass ich nicht länger Sänger war und es auch nie wieder sein würde, war doch meine Tätigkeit in der Musikbranche immer eine Illusion gewesen. Jetzt galt es zudem zu begreifen, dass ich mich nicht verleiten lassen durfte zu denken, ich sei Schriftsteller, nur weil ein paar meiner Manuskripte veröffentlicht worden waren. Und das war es, was immer noch so schrecklich schmerzhaft sein konnte: einzusehen, dass ich nichts war, und, noch schlimmer, zu akzeptieren, dass ich auch niemals *etwas* sein würde – sondern dass ich einfach nur *sein* würde.

Es wurde jedoch schnell klar, dass *zu sein* nichts war, was ich ohne Weiteres praktizieren konnte. Es war vielmehr etwas, das ich erst lernen musste. In meine neurotische Angst vor dem Abgrund mischte sich Faszination. Vorsichtig näherte ich mich seinem Rand. Langsam fing ich an zu begreifen. Alles, was ich vorher als eine Verschwörung gegen mich angesehen hatte, konnte ich jetzt als Fata Morgana meiner eigenen Projektionen erkennen. Weil ich sie ungehemmt hatte wachsen lassen, hatte ich ein ganzes Universum in Stücke geschlagen. Ich hatte alle meine Fehler auf andere übertragen und mich selbstgerecht geweigert, sie an mir selbst zu sehen. Jetzt musste ich lernen, in der dadurch entstandenen Leere zu existieren. Und in diesem Prozess erkannte ich, dass wir trotz all unserer Regeln und Systeme, trotz unserer Absichten von Frieden und Eintracht meistens nur in der Lage sind, Chaos, Lärm und Verschmutzung zu produzieren. Schreiend werden wir geboren, lärmend gehen wir durch die Welt, bloß um ein unüberschaubares Durcheinander zu hinterlassen, wenn wir wieder gehen.

Es war eine Kunst, loszulassen. Jeder Tag forderte neue, schwierige Entsagungen. Ein Schleier nach dem anderen wurde gelüftet, gleichzeitig lösten sich meine zähesten Vorurteile auf. Nach und nach ließ ich die Irrtümer hinter mir, die mich den größten Teil meines Lebens fest im Griff gehabt hatten. Selbst Wehmut und Scham musste ich loslassen. Als endlich der lang erwartete Tag anbrach – der Tag der verabredeten Konsultation beim Seher –, war nicht mehr viel übrig von dem, was ich einmal gewesen war.

Es nieselte, als ich die Store Kongensgade entlangging. Ich war wie betäubt. Trotzdem erinnere ich mich an alles: ein Pärchen mit den gleichen Segeltuchschuhen, das seine Fahrräder neben sich her schob. Eine Mutter mit einem roten Kinderwagen; ihre pergamentartige Durchsichtigkeit und das herzzerreißende Weinen des Kindes. Zwei Verkehrspolizisten, die die Fahrbahn überquerten; der eine sah aus, als ob er gerade geweint hätte. Ein alter Mann, der in einen Bus einsteigt, seine gekrümmte Hand voller Weisheit und Tod. Ein Mädchen auf einem grünen Fahrrad, das in die entgegengesetzte Richtung fährt, feurige schwarze Augen und ein hübsches Hinterteil in Jeans auf dem Sattel. Ein Fahrradbote. Ein Taxi, das hinten auf einen PKW aufgefahren ist, die Glasscherben eines zerbrochenen Schlusslichtes, zornige Stimmen und viel zu lange unterdrückte Hysterie. Das rätselhafte Lächeln und der lässige Gang einer Frau, vielleicht hatte sie gerade das Bett ihres Liebhabers verlassen. Die grüngestrichene Tür im Gebäude der Polizei gegenüber. Die Trockenheit in meinem Mund.

Ich öffnete die Tür und trat in ein Treppenhaus, das immer noch nach einer Vergangenheit als herrschaftlicher Wohnsitz einer reichen Familie duftete. Hoch über mir hörte ich schleppende Schritte, die sich langsam nach oben bewegten. Ich ging hinterher. Eine Tür wurde geöffnet und geschlossen und einen kurzen Augenblick lang hörte man Stimmen, die eine fremde Sprache sprachen. Meine eigenen

Schritte hallten im Treppenhaus wider. Auf einem Treppenabsatz stand ein trotziger Kaktus in einem Topf mit vertrockneter Erde. Eine Etage höher schellte ich und schaute durch das dunkle Viereck in der Tür, auf dem früher ein Namensschild angebracht gewesen war. Ich hörte, wie irgendwo im Gebäude eine Toilette gespült wurde, undeutliche Stimmen verschwanden in einem Labyrinth gedämpfter Töne, die sich unten auf der Straße mit dem Lärm der Autos mischten. Ich drückte wieder auf die Klingel. Eine Glocke läutete in einem Zimmer irgendwo in der Wohnung. Keine Reaktion. Ich schaute noch einmal auf den Zettel: „2. Stock links" stand da. Ich guckte auf meine Uhr. Zwei Minuten vor drei. Ich wartete etwas. Dann versuchte ich es noch einmal. Nichts. Fünf Minuten nach drei. Ein paar Etagen tiefer schlug die Haustür zu. Ich hörte leichte Schritte auf dem Weg nach oben. Sie kamen immer näher. Ich drehte mich um und sah direkt in ein Paar schwarzer Augen. Sie hielt mir einen Umschlag entgegen. Ich nahm ihn und wollte gerade etwas sagen, als ihre Schuhe bereits in Höchstgeschwindigkeit die Treppe hinunter Flamenco tanzten. Ich stand da und starrte auf den Umschlag. Mein Name stand drauf. Dann folgte ich der Flamencotänzerin. Draußen auf der Straße sah ich gerade noch, wie das Hinterteil in Jeans sich auf einen grünen Sattel schwang und im Verkehr verschwand. Hinter mir fiel die Haustür klickend ins Schloss. Ein kühler Wind fuhr um die Ecke und schob den schweren Geruch von Diesel vor sich her. Ich öffnete den Briefumschlag und zog ein Stück Papier hervor. „Buchhandlung ‚Le Galois', Montségur-Village Nr. 19, 30. September, 7 Uhr" stand da lakonisch. Darunter die Unterschrift: „Crede et Vicisti! – C de M."

Es hatte aufgehört zu regnen. Über den Dächern der Stadt verschwand die Sonne hinter einer schwarzen Wolke. Ein bekannter Kritiker, mit dunklen Rändern unter den

Augen, stand vor einer Bäckerei und aß ein Plunderstück. Auf der anderen Straßenseite schimpfte eine Mutter ihr Kind aus, das sorglos in einer Pfütze herumhüpfte. Vielleicht saß ein Dichter hinter den Fenstern einer der umliegenden Wohnungen und schrieb ein Gedicht über all das. *Crede et vicisti!* Glaube und siege! Ich ging in Richtung Kongens Nytorv.

Der Zug war voller Geschäftsleute in Hugo-Boss-Anzügen, die alle Laptops auf dem Schoß hatten und in ihre Handys sprachen. Sie ähnelten einem Bild von Magritte. Ich hatte einen Fensterplatz bekommen und sah auf eine trostlose Landschaft mit ebenso trostlosen Kleinstädten hinaus. Eine Reihe farbloser, unechter Perlen, die an einem Netz von Hochspannungsleitungen hingen, verbunden durch einen Wald von Elektrizitätsmasten, der immer chaotischer und undurchdringlicher wurde, je mehr wir uns Brüssel näherten. Mir drängte sich der Gedanke auf, dass alle diese Kabel auf irgendeine Weise die finanziellen und politischen Energien symbolisierten, die hier zusammenliefen und zu einem Fluss gescheiterter Erwartungen wurden, der in übertriebener Administration und Bürokratie versandete; genauso wie Brüssel selbst der Vorstadt einer Metropole glich, die gar nicht existierte. Ein Luftschloss? Ein Traum? Ein Alptraum?

Im Waggon herrschte eine nervöse, hektische Energie, in der die Handys in endloser Monotonie die gleichen digitalen Walzer und Märsche produzierten. Ein Teil der Magritte-Männer war ausgetauscht und durch andere Magritte-Männer ersetzt worden, die sich anstrengten, genauso bedeutungsvoll auszusehen wie ihre Vorgänger. In dieser Wirklichkeit war jedes Wanken, jedes Taumeln unerwünscht. So wie das europäische Gewissen voll von glitzernder Unterdrückung sein musste, schien auch der Hauptbahnhof von Brüssel gepflegt und von asozialem Gesindel gesäubert zu sein. Als der Zug durch den Wald von Elektrizitätsmasten in Richtung Paris rumpelte, war es wie eine Mahnung, dass die Vision ökonomischen Wachstums, mit der wir unablässig bombardiert werden, in Wirklichkeit eine Lüge ist, die nur Verlierer und kranke Menschen hervorbringt.

Als ich auf dem Kongens Nytorv stand und den Zettel des Sehers in der Hand hielt, entschloss ich mich, den endgültigen Schritt zum Abgrund zu wagen. Ja, ich bildete mir sogar ein, dass ich seine Stimme hören konnte, wie sie mich zum Rand hin rief. Und frei nach der Devise, dass derjenige, der nichts hat, auch nichts zu verlieren hat, verbrachte ich die folgenden Monate damit, mich auf meine Reise vorzubereiten.

Ich wusste bereits ein bisschen über Montségur. Ich wusste zum Beispiel, dass es sich um einen kleinen Ort und einen Berg mit einer Festung im französischen Teil der Pyrenäen handelte. Ich kannte die Geschichte von den südfranzösischen Ketzern, den Katharern, den *bons hommes*, und ihrem unglückseligen Ende auf dem Scheiterhaufen der Inquisition am Fuße des Montségur, dem Höhepunkt des Kreuzuges gegen die Albigenser im Jahr 1244.

Die Katharer betrachteten sich selbst als die wahren Christen. Ein Teil ihrer Lehre basierte auf urchristlichen, gnostischen, jüdischen und islamischen Ideen, die sich in allen entscheidenden Punkten von der Römischen Kirche unterschieden. Das tägliche Brot war für die Katharer das geistige Brot, und in ihren Gemeinden konnten sowohl Männer als auch Frauen Priester werden, die sogenannten *Perfecti*. Die Bewegung der Katharer genoss große Unterstützung bei der Bevölkerung im Languedoc, und als es so aussah, als ob diese Unterstützung sich ins übrige Frankreich ausbreiten würde, schickte Papst Innocens III Bernhard von Clairvaux, einen berühmten Mönch, um gegen die Ketzer zu predigen.

Der stellte jedoch fest, dass ihr Gottesdienst und ihre Moral viel christlicher waren als die seiner eigenen korrupten Kirche und gab zu, dass er an den *Parfaits* der Katharer keinen Fehler finden konnte. Sie praktizierten nur das, was sie selbst predigten. Das passte dem Papst nicht, woraufhin er den Albigenserkreuzzug ins Werk setzte, der im Massaker am Montségur endete.

Die Legende berichtet, dass der heilige Gral im Besitz der Katharer gewesen und dass es ihnen möglicherweise gelungen sein soll, ihn in Sicherheit zu bringen, ehe sie sich in die Hände der Henker der Inquisition begaben. Aber die Legende sagt nichts darüber, was der Gral eigentlich ist. Der herrschenden Auffassung nach ist der Gral der Becher, den Yeshua während des letzten Abendmahls benutzt hatte und in dem Josef von Arimathäa später angeblich Yeshuas Blut auffing, als dieser am Kreuz hing. Die Legende berichtet weiter, dass der Gral sich zu einer bestimmten Zeit in Spanien befand, wo ein Maure und Sufimeister, Kyot von Toledo, über ihn geschrieben hat. Die erste eigentliche Gralsgeschichte wurde von Chrétien de Troyes im 12. Jahrhundert verfasst, doch die bekannteste schrieb Wolfram von Eschenbach im Epos *Parzival*, in dem auch die Legende von König Artus und den Rittern der Tafelrunde erwähnt wird.

Eine volkstümliche Legende, die über Generationen unter den Nachfolgern der Katharer überliefert wurde, wurde zuletzt 1929 von einem Schafshirten aus Montségur erzählt: „Damals, als Montségurs Mauern noch intakt waren, bewachten die Katharer, die Reinen, dort den heiligen Gral. Montségur war in Gefahr. Die Heerscharen Luzifers lagen in einem Ring rund um die Mauern. Sie wollten sich den Gral holen, damit sie ihn wieder in das Diadem ihres Fürsten einsetzen konnten, aus dem er heraus und zur Erde gefallen war, damals, als die Engel aus dem Himmel vertrieben wurden. Als die Not am größten war, kam eine weiße Taube vom Himmel und spaltete den Berg mit ihrem Schnabel in zwei Teile. Esclarmonde, die Wächterin des Grals, warf das kostbare Kleinod in den Berg. Daraufhin verschloss er sich wieder. So wurde der Gral gerettet. Als die Teufel in die Burg eindrangen, kamen sie zu spät. Voller Wut verbrannten sie alle Reinen auf dem Scheiterhaufen am Fuße des Berges unterhalb der Burg, auf dem „*camp des crémats.*"

205 Katharer, Männer, Frauen und Kinder, gingen freiwillig ins Feuer. Einer mündlichen Tradition zufolge hatten sie gelobt, nach 700 Jahren wiederzukehren.

Früh morgens, am 29. September, nahm ich in Århus den Zug nach Südfrankreich. Am nächsten Morgen um halb fünf stieg ich auf dem kleinen Bahnhof von Foix aus. In demselben Augenblick, als ich aus dem Zug ausstieg und in den dichten Nebel hineintrat, wusste ich, dass meine Wirklichkeit sich für immer verändern würde. Ich blieb stehen, um mich in der Stille zu orientieren. Ich glaubte, eine Gestalt zu sehen, die sich am Rande des kalten, unwirklichen Lichts einer einsamen Lampe bewegte und dann im Schatten am Ende des Bahnsteigs verschwand. Aber ich war nicht sicher. Im Grunde genommen war für mich nichts mehr sicher. Der Wartesaal war leer und nirgendwo war ein Mensch zu sehen, als ich in die schlafende Stadt hinaustrat. Das weiße Gespenst des Nebels schien das einzig Lebendige zu sein. In einem Loch darin konnte ich so etwas wie eine Brücke erkennen. Ich ging in diese Richtung, denn ich dachte, dass sie vielleicht zum Zentrum führe. Das Geräusch brausenden Wassers überzeugte mich davon, dass ich auf dem richtigen Weg war. Aber ich war noch nicht weit gekommen, als mich ein weißes Licht blendete, das irgendwo vor mir angeschaltet wurde. Dann hörte ich, wie sich eine Autotür öffnete. Ich trat aus dem Lichtkegel hinaus und erkannte den Umriss einer Gestalt hinter dem Steuer. Sie gab mir ein Zeichen, dass ich nähertreten solle.

„Soll ich Sie mitnehmen?", fragte eine Stimme in wunderschönem Englisch aus dem Inneren des Wagens. Es war eine Frau. Ich beugte mich vor und stotterte ein „Ja, danke."

„Um diese Zeit geht kein Bus", sagte sie. Zögernd stieg ich ein, nahm meinen Koffer auf den Schoß und machte die Tür zu. Im schwachen Licht des Armaturenbretts bemerkte ich so etwas wie ein Lächeln. Dann legte sie einen Gang ein und fuhr in die Dunkelheit hinein. Das Licht der Scheinwerfer tanzte im Nebel, es war, als seien wir in einem Raumschiff auf dem Weg in ein unbekanntes Universum. Mehr redeten wir nicht miteinander, und ich konnte spüren, dass es auch keinen Grund gab zu reden. Es wurde nicht erwartet. Und zum ersten Mal seit langer Zeit fühlte ich mich völlig entspannt und sonderbar frei. Ich weiß nicht, wie lange wir fuhren. Ich hätte ewig so weiterfahren können. Es war, als ob die Zeit verschwand und sich im Nebel auflöste. Ich merkte jedoch, dass der Weg anstieg und wir durch eine Serpentine nach der anderen fuhren. Als ob das Auto von selbst den Weg fand. Und plötzlich wurde der Schleier gelüftet. Es war ein überwältigender Anblick, als wir aus dem Nebel herauskamen. Jetzt konnte ich im Licht des Vollmondes sehen, wie hoch oben wir waren. Unter uns ragten die Berggipfel aus den Wolken hervor und vor uns erhob sich der Schatten eines imponierenden Berges wie ein riesiger Runenstein.

„Montségur!", sagte sie.

Ich konnte den Stolz in ihrer Stimme hören.

„Hier müssen Sie aussteigen."

Sie deutete auf eine Seitenstraße, die sich durch den Felsen schlängelte.

„Folgen Sie einfach dem Weg!"

Ich war etwas benommen und schaffte es gerade noch, „Danke" und „Auf Wiedersehen" zu sagen, ehe das Auto losfuhr. Erst als ich in der geisterhaften Mondlandschaft stand und den Wagen weiter vorne um eine Ecke verschwinden sah, wurde mir klar, dass sie überhaupt nicht gefragt hatte, wohin ich wollte. Woher wusste sie, dass es Montségur war?

Und was machte ich eigentlich hier? Wo ich genauso gut zu Hause auf meiner Insel in einem warmen Bett liegen konnte? Würde nicht jeder normale Mensch mein Vorhaben als verrückt ansehen?

Die Luft war genauso kalt und klar wie das Licht des Mondes. Ich schauderte etwas und ging los. Normal oder verrückt – was machte das für einen Unterschied? Der Weg schlängelte sich durch Felsvorsprünge hindurch. Immer weiter hoch. Ein paar Mal ging ich buchstäblich am Rande des Abgrundes entlang. Tief unten lag ein milchweißer Teppich über dem Tal. Vor mir lag Montségur. Ab und zu tauchte die Burg oben auf dem Gipfel des Berges im Mondlicht auf. Es sah aus, als ob der Weg auf einem Bergkamm lag und um den Berg herumführte. Es raschelte im Gebüsch. Das Geräusch von Tieren, die sich von meinen Schritten gestört fühlten, die durch die eisige Luft hallten. Ich musste mindestens eine Stunde gegangen sein, als der Weg sich nach einer Biegung gerade ausrichtete und von den Felsen am Fuße des Berges wegführte. Unter mir lag der Ort Montségur, eingetaucht in ein surrealistisches Licht, wie die Kulisse eines Abenteuerfilms. Von hier aus sah es aus, als ob es nur diesen einen Weg gab, der in das Dorf hinein- und auch wieder hinausführte. Es war offensichtlich kein Ort, durch den man hindurchreiste. Entweder hatte man dort etwas zu tun oder man machte sich gar nicht erst auf den Weg um den ganzen Berg herum. Ich begann den Abstieg. Der Weg führte in dichten

Serpentinen abwärts. Nach einer dreiviertel Stunde lag der Berg schließlich hinter mir und ich konnte das letzte Stück auf ebener Strecke geradeaus gehen.

Das Haus lag an einer Ecke am Ortseingang und fiel wegen des Schildes sofort auf: „Librairie Le Gaulois" stand dort. Von der Straße her schien es nur ein Stockwerk zu haben. Es wirkte völlig verschlossen. Weiter abwärts führte ein Weg aus dem Dorf hinaus, am Berg und an einer Reihe von Häusern entlang, die sich dicht aneinander schmiegten. Ein anderer Weg führte einen anderen Berg hinunter mit genauso dicht aneinander gebauten Häusern, die auf abfallenden Plateaus lagen. Ich ging um die Ecke und sah, dass das Haus zweieinhalb Stockwerke hatte. Einige Schritte weiter unten stand eine Pforte halb offen. Eine schiefe Eins, gefolgt von einer Neun in rissiger Emaille waren an der Mauer unter einer Lampe ohne Licht befestigt. Die Pforte führte in den Garten hinter dem Haus. Ich folgte den Stufen. Von hinten sah das Haus einladender aus. Ich blickte auf ein Fenster, dessen Läden offen standen, und eine doppelte, verglaste Verandatür. Sie war jedoch verschlossen. Dann entdeckte ich noch eine Tür, rechts von der Verandatür. Ich klopfte an und ergriff die Klinke.

Die Tür gab mit einem anhaltenden Knirschen nach. Drinnen blieb ich stehen, um meine Augen ans Dunkel zu gewöhnen. Es duftete schwach nach Eukalyptus und Rosen. An einem Garderobenhaken hing Regenkleidung. In einer Ecke standen ein Stock und Wanderstiefel. Am Ende des Flurs führte eine Treppe nach oben. Über ihr hing eine Uhr; ich konnte sehen, dass es kurz nach sieben war. Ich räusperte mich. Dann versuchte ich es mit einem etwas lauteren „Hallo", blieb im Dunkeln stehen und wartete. Durch eine geöffnete Tür konnte ich sehen, wie ein Mondstrahl durch das Fenster im Zimmer nebenan fiel. Der einzige Laut war das elektrische Summen eines Kühlschranks. Am Türrahmen fand ich einen Schalter. Es war eine echt französische Landküche mit einem großen Tisch in der Mitte des Raumes. Neben der Spüle standen ein Teller, ein Glas und Besteck in einem Abtropfgestell. Ansonsten gab es kein Zeichen von Leben. Ich ging in den Flur zurück und fand noch eine Tür. Sie führte zu einem Raum, der einem kleinen Rittersaal ähnelte. Durch die Scheiben der Doppeltür fiel Licht von draußen herein. Ein riesiger Kamin bildete das natürliche Zentrum. Zwei Schwerter hingen über Kreuz an der Wand. Mitten im Raum stand ein Langtisch mit einer Bank an beiden Seiten. Über der Tür hing ein Katharerkreuz mit einer weißen Taube. Ich ging in den Flur zurück und langsam die Treppe hinauf. Oben auf dem Treppenabsatz konnte ich sehen, dass Licht unter einer von vier Türen, je zwei auf den beiden Seiten eines langen Ganges, hervorschien. Ich klopfte an. Wartete. Keine Reaktion. Ich öffnete die Tür. Das Fenster stand einen Spalt breit offen und auch hier war es der Mond, der seine bleichen Arme hereinstreckte und das Zimmer erleuchtete. Abgesehen von einer Matratze auf dem Boden war es völlig leer. Auf dem Deckbett lag ein Zettel: „Prat dels crémats, 12 Uhr mittags". Ich war so müde, dass ich mich in ein Dornengebüsch hätte legen können, und meine Überlegungen, ob ich mich ausziehen solle oder nicht, bevor ich ins Bett ging, hatten sich schnell erledigt. Das Letzte, woran ich mich erinnere, war, dass ich vornüber auf die Matratze fiel. Dann wurde alles schwarz.

Es war eine große Erleichterung, als der Zug im Gare du Nord einfuhr. Ich hatte genug von Magritte-Männern und Telefonwalzern. Mir blieben fast acht Stunden, um den Gare du Austerlitz zu finden, von wo aus ich mit dem Nachtzug nach Madrid weiterfahren sollte. Obwohl die Luft kühl war, konnte man den ersten Hauch des Pariser Frühlings spüren. Draußen vor dem Gare du Nord hing die Sonne bleich und tief über dem Boulevard de Denain, wo ich für gewöhnlich die Brasserie „La Consigne" besuchte. Wenn man nur wenige Stunden in Paris verbringen kann, ist „La Consigne" genau der richtige Ort dafür. Es ist, als würden sich hier alle Arten von Parisern treffen, vom pensionierten Zuhälter mit Boxernase und der gebleichten Blondine an einem Tisch ganz hinten im Lokal, über zwei große Pernods gebeugt und ins Gespräch vertieft, bis zu den jungen Mädchen mit zu viel Lidschatten, Pferdeschwanz, nacktem Bauch, Kaffee, Zigaretten, Schmollmund und vielsagenden Blicken in der Glasveranda zum Boulevard hin. Und mitten im Lokal findet der Mittagsbetrieb statt, mit Büroangestellten, Händlern und einem vereinzelten Touristen, die hastig zu Mittag essen, Muscheln oder Fischsuppe, Schokoladenkuchen oder hausgemachte Crème de fromage, ehe die nächste Gruppe ankommt.

Ich fand einen kleinen Tisch mitten im Treiben und bestellte Sardinen mit Ingwer und einen Pastis. Im Hintergrund sang Jacques Brel: *„Je ne sais pas pourquoi la pluie, quitte là-haut ses oripeaux ..."* – *„Ich weiß nicht, warum der Regen seine lumpigen Kleider verlässt, die schweren, grauen Wolken dort oben am Himmel, um in unseren Weinbergen zur Ruhe zu gehen. Ich weiß nicht, warum der Wind säuselt, um das Lachen der Kinder zu zerstreuen – des Winters zartes Glockenspiel – im klaren Morgen. Ich weiß nichts von alledem, doch ich weiß, dass ich dich immer noch liebe ..."*

Und meine Gedanken tanzten zwischen Brels Zeilen hin und her. Wie eine uralte Erinnerung, die erst jetzt befreit werden konnte. Denn ich kannte den Regen mit seinen lumpigen Kleidern und die schweren Wolken am Himmel, weil es diesen Himmel auch in mir gab. *„Je ne sais pas pourquoi la route, qui me pousse vers la cité ..."* – *„Ich weiß nicht,* *warum dieser Weg, der mich zur Stadt drängt, von der einen Pappel zur nächsten, den ekligen Geruch der Verwahrlosten hat oder warum die eiskalten Nebelschleier, die mir folgen, mich an die Kathedralen denken lassen, in denen man für tote Lieben betet. Ich weiß nichts von alledem, doch ich weiß, dass ich dich immer noch liebe ...* "Weil ich wusste, dass ich schon so oft in der Brasserie gesessen und diese Gesichter betrachtet hatte. Wenn nicht gerade dort, dann an einem ähnlichen Ort. Ich wusste, dass ich da gesessen und so oft gehört hatte, wie sie von Niederlage und Lügen, schnellen Nummern, Untreue und Eifersucht erzählten, dass mein eigenes Herz vielleicht abweisend und hart geworden war. Und ich hatte gedacht, dass ich all das hinter mir gelassen hatte. Vielleicht stand ich endlich einer anderen Zukunft gegenüber, einer, die neu und unbenutzt war. Und dann geschah es. *„Je ne sais pas pourquoi la ville ..."* – *„Ich weiß nicht, warum die Stadt ihre Vorstadtwälle öffnet, um mich ganz still inmitten ihrer Liebenden in den Regen gleiten zu lassen – in all meiner Zerbrechlichkeit. Ich weiß nicht, warum alle diese Menschen ihre Nasen an die Scheibe drücken, um meine Niederlage besser feiern – um meinem Leichenzug besser folgen zu können. Ich weiß nichts von alledem, doch ich weiß, dass ich dich immer noch liebe ..."*

Vielleicht verstand ich jetzt, dass all diese Schicksale nicht nur Geschichten waren, die sich außerhalb von mir in einer fiktiven Welt abspielten. Sie waren ich. Die Masken und Personen. Die Straßen und Städte. Die Bettler und Bahnhöfe. Die Lieder und der Wind. Die Sehnsucht. *„Je ne sais pas pourquoi ces rues ..."* – *„Ich weiß nicht, warum diese Straßen sich mir öffnen, eine nach der anderen, jungfräulich und kalt, kalt und nackt. Da sind nur meine Schritte und kein Mond. Ich weiß nicht, warum die Nacht auf mir spielte wie auf einer Guitarre und mich hierherbrachte, vor diesen Bahnhof,* *um hier zu weinen. Ich weiß nichts von alledem, doch ich weiß, dass ich dich immer noch liebe ..."*

Dies war all das, was ich glaubte, vergessen zu haben – die Erinnerung an die Sehnsucht –, die mich nun doch eingeholt hatte. Und draußen, am Ende von Jacques Brels rauher und harter Stimme, ganz draußen am Rande des Jahrmarkts dieser Welt, an der Endstation aller Dinge, ließ ich all den künstlichen Glanz fahren, weil ich nur auf der Durchreise war und mich vielleicht auch an nichts mehr zu erinnern brauchte. *„Je ne sais rien de tout cela, mais je sais, que je t'aime encore."* – *„Ich weiß nichts von alledem, doch ich weiß, dass ich dich immer noch liebe."*

Das Haus

4

Durch den Regen, der ans Fenster schlug, erwachte ich aus meinem Traum. Draußen rann das Wasser in den Dachrinnen und sang in den Regenrohren. Ein graues Licht floss gemächlich über die rissig gewordene Zimmerdecke. In der Ecke saß ein kleiner Clown aus Porzellan und lächelte in seiner cremefarbenen Unendlichkeit. Im Traum befand ich mich in einer Anstalt für Geisteskranke und hatte gerade für meine Mitpatienten ein Konzert gegeben. Das Klavier, auf dem ich spielte, hatte ich aus Muschelschalen gebaut und mit einer Suppenkelle gestimmt. Wenn ich spielte, verwandelten die Töne sich in Tropfen und die Musik wurde zu Regen, der hellseherische Fähigkeiten verlieh, wenn man ihn in die Augen bekam. Kurz vor dem Finale wurde das Konzert unterbrochen, weil der Professor gerade entdeckt hatte, dass das Stück, das ich spielte, von niemandem komponiert worden war. Dann wachte ich auf.

Ich blieb liegen und hoffte darauf, Menschen zu hören; aber da war nur der Regen. Ich stand auf und ging nach unten. Es war kurz vor elf. Toilette und Badezimmer lagen in einem Gang hinter dem Rittersaal. Ich duschte, was dringend nötig war. Danach ging ich in die Küche, wo ich einen Kessel fand und Wasser kochte. Jemand hatte frisches Brot auf den Tisch gelegt. Darunter lag eine Landkarte von der Umgebung. Ein roter Strich wies den Weg zum „Prats dels crémats". Im Kühlschrank fand ich ein Stück Ziegenkäse. Ich schnitt ein Paar Scheiben Brot ab und machte mir eine Tasse Tee; mir fiel auf, dass das Abtropfgestell leer war. Draußen im Flur waren noch der Regenmantel und die Stiefel. Es überraschte mich nicht, dass mir beides perfekt passte. Ich zog die Kapuze über die Ohren, als ich in den strömenden Regen hinausging.

Das Dorf wirkte geisterhaft. Viele der Häuser waren schon für den Winter verschlossen worden, aber aus einigen Schornsteinen stieg Rauch auf und mischte sich mit den grauen Wolken. Eine nasse Katze saß unter einem Halbdach und leckte ihr Fell. Ich hörte Hammerschläge, die in der kalten Luft von der Bergwand widerhallten. An einem Haus oben am Hang waren Handwerker dabei, das Dach neu zu decken. Ein alter Citroën stand auf einem Felsvorsprung und verlor Öl. Die Tropfen mischten sich mit dem Regenwasser und hinterließen violette Streifen auf dem Asphalt. In der Nähe bellte ein Hund. Ich ging am Friedhof vorbei und folgte demselben gewundenen Weg, den ich gekommen war.

Es dauerte ungefähr zwanzig Minuten. Ich fing an, die Strapazen der Nacht zu spüren. Jeder Schritt schmerzte. Als ich den Parkplatz am Fuße des Berges erreichte, sah ich, dass von dort aus eine Treppe aus Granit zu einigen Büschen und einer Gruppe von Bäumen hinaufführte. Der Karte nach war es der einzige Weg zur Burg. Es hatte aufgehört zu regnen. Auf dem Weg durchs Gebüsch spürte ich, wie etwas Kaltes mein Gesicht streifte. Eine Eingebung? Die Gegenwart einer unsichtbaren Kraft? Ein Flüstern? *Gib mir dein Herz!* Ein Lichtschimmer zwischen den Bäumen. Ein leises Flimmern vor mir. Eine Bewegung in der Luft. Ich blieb stehen, schloss die Augen und atmete tief ein. Es fühlte sich an, als ob ich auf unsichtbaren Händen getragen würde. Dann trat ich auf einen offenen Platz hinaus. *Prat dels crémats!*

Mitten auf der Wiese, mir genau gegenüber, stand ein Mann. Er war zu weit weg, als das ich seine Gesichtszüge hätte erkennen können. Aber ich zweifelte nicht eine Sekunde daran, dass es der Seher war. Hinter ihm wartete der Berg. Oben auf dem Berg wartete die Burg. In der Burg wartete ...?

Es war, als ob sich alle Enden der Welt auf die Gestalt im Zentrum zubewegten. Wie eine gewaltige, zentripetale Kraft, die alles herumwirbelte. Ich hatte aufgehört, meine Schritte wahrzunehmen, aber ich fühlte, dass ich ihm entgegenschwebte. Jetzt konnte ich sein Gesicht erkennen. Die Baskenmütze. Den weißen Bart. Das rätselhafte Lächeln. Die Augen! Die Augen, die mich wie ein Sog in die Kraft dieses unendlichen Mittelpunktes zogen. Und im gleichen Augenblick wusste ich, dass es kein Zurück mehr gab und dass alles so war, wie es sein sollte.

„Machst du immer so einen Wirbel, wenn du ankommst?", lächelte er und stieß seinen Wanderstab vor sich in die Erde.

„Man sollte annehmen, du würdest erwartet."

Er breitete die Arme aus:

„Willkommen auf dem Platz von Prat. Hier war es, wo 205 Männer, Frauen und Kinder freiwillig ins Feuer gingen. Wenn du dir das vorstellen kannst."

Er zeigte auf die Burg.

„Das, was da oben ist, ist wichtig. Aber erst, wenn man versteht, was hier geschehen ist!"

Er zeigte vor sich auf die Erde. Ich schaute ihn an. Es war unmöglich zu erkennen, wie alt er war. Er konnte 60 sein oder 100. Aber seine Bewegungen waren geschmeidig wie die eines jungen Mannes. Ihn umgab eine Aura der Ruhe, so als sei er selbst ein Berg. All meine Spannungen und Vorbehalte waren verschwunden wie Morgentau in der Sonne. Da war eine Offenheit in seiner Stimme, die bewirkte, dass ich mich völlig sicher fühlte. Eine Fürsorge, die ganz durch mich hindurchging, bis ins Allerinnerste. Es fühlte sich an, als ob alles, was durcheinander geraten war, wieder hergerichtet und alles, was nicht sein sollte, entfernt wurde.

„Warum bin ich hier?", hörte ich mich selbst fragen. Die Frage blieb in der Luft hängen wie ein Vogel, der im Flug erschossen wurde. Er lächelte. Er wusste, dass ich die Antwort schon kannte, ehe ich die Frage gestellt hatte.

„Es war nur eine Frage der Zeit, wann wir uns treffen würden!", sagte er. „Jetzt ist die Zeit gekommen. Und hier soll es sein!"

Er sah mich an und unsere Blicke verschmolzen. Es kam mir völlig unwirklich vor. Es war, als ob ich in ein unendliches Universum hineinsah, in dem die Zeit aufgehört hatte zu existieren. Die schwarzen Pupillen waren erleuchtete Galaxien, die seit Urzeiten auf Reisen waren, um sich hier, auf einer Wiese in Südfrankreich, zu offenbaren. All das dauerte nur einen Augenblick. Aber einen Augenblick, den es schon immer gegeben hatte. Wie wenn man einen einzigen Blick tut und mit diesem Blick alles sieht. Eine Gestalt spiegelte sich in seinen Augen, und ich erkannte, dass ich es war. Hinter mir loderten die Flammen eines riesigen Feuers gen Himmel.

„Was ist passiert?", fragte ich.

„Es wurde eine Entscheidung getroffen. Die traditionelle Auffassung vom Tod verschleiert das Verständnis. Wir sehen nur die Angst in den Gesichtern derer, die zu den Flammen gestoßen werden, hören nur die Schreie der Verurteilten. Aber das ist nicht das Wesentliche. Die Katharer trafen eine Wahl. Sie hätten in ihre Dörfer zurückkehren und weiter-

leben können, wenn sie bereit gewesen wären, dem abzu-
schwören, von dem sie wussten, dass es wahr sei, und dann
zur Römischen Kirche zu konvertieren. Aber sie weigerten
sich, das zu tun. Sie wählten das Feuer. Sie besaßen offenbar
ein Wissen, das über die geläufige Auffassung von Leben und
Tod hinausging!"

Seine Worte waren gedämpft und direkt an mich gerichtet.
Sie öffneten meine Erinnerung. Ich selbst hatte einmal an
einen Pfahl gebunden im Feuer gestanden. Daher wusste ich,
dass das Feuer nur die äußere Manifestation der Begrenzungen ist, die sich an ein irdisches Dasein knüpfen. Dass der
Schmerz und der Übertritt von einem Zustand zum nächsten nur einen kurzen Augenblick dauern. Dass sie auch eine
andere Bedeutung haben.

Der Berg

„Jetzt musst du eine Entscheidung treffen. Deswegen bist du hier. Du hast 20 Jahre studiert. Du hast nachgedacht und du hast geschrieben. Du kennst alle Mystiker, alle Traditionen. Du hast einen Schimmer der anderen Wirklichkeit erlebt. Aber all das ist bis jetzt nur wie ein lebenslanger Flirt gewesen. Du wusstest nicht, wozu du es gebrauchen solltest.

Jetzt ist es höchste Zeit, eine Wahl zu treffen. Noch kannst du in die Geborgenheit deiner spirituellen und religiösen Faszination zurückkehren. Du würdest mit der Zeit wahrscheinlich sogar lernen, glücklich zu sein. Aber dann könntest du genauso gut Briefmarken sammeln.“

Irgendwo in der Nähe schrie ein Vogel.

„Du kannst auch wählen, den Weg zu gehen.“

Er zeigte auf den Weg, der im Gebüsch verschwand und weiter den Berg hochging.

„Wenn du den wählst, wählst du das Feuer.“

Er zögerte. Dann sprach er etwas ruhiger weiter:

„Ich werde dich am Anfang begleiten und dir deine Möglichkeiten zeigen. Dir deine Freiheit wiedergeben. Aber bevor du deine Wahl triffst, musst du wissen, dass du dich, wenn du jetzt mit mir gehst, darauf einstellen musst, alles neu zu lernen. Du darfst nicht glauben, dass den Weg zu gehen gleichbedeutend mit einem sorgenfreien Leben ist. Ganz im Gegenteil!“

Zum ersten Mal sah er weg von mir. Es fühlte sich an, als ob sich ein Abgrund zwischen uns auftat. Die Wahl war meine, ganz und gar meine. Er drehte sich um und ging los. Ich stand da und betrachtete ihn, während sich meine Gedanken im Kreis drehten. 50 Meter entfernt blieb er stehen. Ich konnte die Flammen beinahe spüren. Ich dachte, dass es völlig absurd erscheinen musste, wenn ich jemals jemandem davon erzählen würde. Funken knisterten. Sie waren überall. Sie sahen aus wie Engel und tanzten über dem Kopf des Sehers. Der ganze Platz war von ihnen erfüllt. Plötzlich kamen mir Zweifel. Denn in allen Berichten, die ich über Mystiker gelesen hatte, warnte man vor solchen Erlebnissen, weil man glaubte, sie seien das Werk des Teufels – Illusionen, dazu geschaffen, die Menschen in die Irre zu führen und sie glauben zu lassen, dass sie etwas Göttliches gesehen hätten. Im schlimmsten Fall würde es zu Hochmut führen und dazu, dass sie sich anderen überlegen fühlten.

Es sah aus wie ein pantomimisches Feuerwerk. Und mittendrin stand der Seher und lächelte sein unergründliches Lächeln. Illusion oder nicht, ich machte einen Schritt nach vorne.

„Hier kannst du Prat treffen, die Wächterin der Natur", sagte er, als ich ihn erreichte.

„Sie steht vor dir und sie sagt, dass sie lange auf dich gewartet habe. Deine Zeit sei gekommen und du müsstest nun anerkennen, dass du deine Aufgabe auf dich zu nehmen und zu Ende zu bringen hättest. Sie sagt, dass sie deine Beschützerin sei."

Er trat einen Schritt zur Seite. Ich starrte in die leere Luft. Ich versuchte, die Augen zusammenzukneifen, aber es half nichts. Sie war nicht da. Ich schloss meine Augen. Strengte mich mit allen Kräften an. Wo waren die Engel jetzt? Es war ganz still. Ich wollte unbedingt die Augen öffnen und in dem wunderbaren Feuerwerk um mich herum verschwinden, aber ich zwang mich, stehen zu bleiben und in die Dunkelheit zu spähen. Ich weiß nicht, wie lange ich so stand. Meine Gedanken fingen an, sich in alle Richtungen zu bewegen. Es fühlte sich an, als würde ich mit dem Fahrrad einen sehr langen und steilen Abhang hinunterfahren, ohne zu wissen, ob die Bremsen funktionieren. Dann ließ ich auch das Rad los, das unter mir verschwand, und fand mich in einem schwebenden Zustand wieder, in einer anderen Art des Wachseins. Ich meinte, die Umrisse eines Mädchens wahrzunehmen, das vor mir stand, aber die Gestalt war undeutlich und verschwand, bevor ich sie festhalten konnte. In dem Augenblick, in dem sich das Bild verflüchtigte, spürte ich wieder etwas Kühles, so ähnlich wie ich es erlebt hatte, als ich durch das Gebüsch gegangen war. Ich öffnete die Augen und sah mich um. Der Seher war weg und auch das Feuerwerk war verschwunden. Dann erblickte ich eine Gestalt ein Stück weiter oben am Berg. Das war er. Er wartete, den Wanderstock vor sich, in der gleichen geschmeidigen, wachsamen und entspannten Haltung wie zu Anfang, aber dieses Mal ungefähr einen halben Kilometer weit weg. Das war unmöglich! Ich ging los. Das erste Stück des Weges verlief in einer geraden Linie. Es war kahl und steil, mit einer losen, sandigen Oberfläche, die es besonders schwer machte, darauf zu gehen. Ich war völlig erschöpft, als ich endlich bei ihm ankam.

„Wie bist du so schnell hier hochgekommen?", fragte ich atemlos. Aber die Frage, die mich wirklich beschäftigte, war, was ich eigentlich hier machte. Er stand eine Weile da und betrachtete das Prat dels crémats unter uns. Dann richtete er den Blick auf mich. Er ignorierte meine Frage und antwortete stattdessen auf das, was mir durch den Kopf ging.

„Du bist hier, um einen Ort zu betreten, den kaum jemand zu betreten wagt. Es ist deine Aufgabe, ins Unbekannte zu gehen, in das Mysterium der Ewigkeit des Menschen einzudringen, neue Möglichkeiten zu enthüllen und zu Hause davon zu berichten. Du bist eine Art Entdecker, wenn du so willst."

Er sah gerade durch mich hindurch. Vielleicht hätte ich mich fürchten sollen. Aber das tat ich nicht. Es erschien mir eher als natürlich.

„Aber bevor du frei reisen kannst, musst du dir noch über einiges klar werden und es hinter dir lassen."

Er ging ins Gebüsch, zog einen Rucksack daraus hervor und reichte ihn mir.

„Schnall ihn dir um!"

Ich sah ihn verblüfft an. Was sollte das?

„Mach einfach, was ich sage!", sagte er mit einem aufmunternden Lächeln.

Etwas verdutzt nahm ich den Rucksack und fing an, ihn auf den Rücken zu schnallen. Er beugte sich hinunter und hob einen etwa faustgroßen Stein auf.

„Dieser Stein symbolisiert deinen Widerwillen, den dir zugedachten Platz im Leben einzunehmen."

Er legte den Stein in den Rucksack und beugte sich hinunter, um einen weiteren aufzuheben. Er zeigte ihn mir.

„Dieser steht für deine Vorbehalte anderen Menschen gegenüber."

Er beugte sich noch einmal hinunter.

„Dieser steht für dein ungeklärtes Verhältnis zu deinen Eltern."

Und noch einer.

„Dieser steht für dein ungeklärtes Verhältnis zu Frauen."

Nun dauerte es ein bisschen, bis er einen Stein gefunden hatte, der passte. Er zeigte ihn mir. Er war um einiges größer als die anderen:

„Dieser hier symbolisiert alle deine unwichtigen und unnötigen Sorgen."

Er landete, wie schon die anderen, ebenfalls im Rucksack und ich merkte, wie die Riemen in meine Schultern schnitten. Er beugte sich wieder hinunter und hob einen Stein auf, der noch größer war als die vorigen:

„Dieser steht für alle Fehler, die du jemals begangen hast, und für alle Unzulänglichkeiten, von denen du fühlst, dass sie immer noch ein Teil von dir sind."

Ich musste mich nach vorne beugen, um nicht nach hinten übergezogen zu werden, und wollte gerade protestieren, als er mir noch ein paar Steine gab:

„Hier sind die drei letzten. Sie repräsentieren dein Schuldgefühl und deine Lebensangst, die als Feigheit, Arroganz und Selbstgerechtigkeit in dir zum Ausdruck kommen."

Er legte sie einen nach dem anderen auf die übrigen Steine, während er jedes einzelne Wort betonte. Ich fühlte, wie Wut in mir aufstieg. Was wusste er denn von alledem? Es waren ja genau diese Sachen, an denen ich, wie ich meinte, so intensiv gearbeitet hatte. Ich wollte diesen Zirkus unbedingt beenden und einfach weggehen. Stattdessen aber biss ich die Zähne zusammen und beugte mich starrsinnig vor, um den inzwischen sehr schweren Rucksack in den Griff zu bekommen. Denn tief in meinem Inneren wusste ich, dass er recht hatte.

„Konzentriere deine Gedanken nun auf die Bürde, die du auf den Schultern trägst. Denke an jeden einzelnen Stein und daran, was er symbolisiert. Jeder einzelne von ihnen ist ein Teil dessen, was dich bindet und unfrei macht. Sie alle stehen für das, was dich hindert, dich frei zu bewegen und das zu vollbringen, weswegen du hier bist. Bevor du hierher nach Montségur gekommen bist, hast du diese Dinge auf intellektueller Ebene bearbeitet, aber du warst nicht imstande, sie loszulassen. Deshalb warst du krank. Du musst dich deinen Problemen stellen. Du wirst sie jetzt zum letzten Mal tragen. Zusammen werden wir den Berg hochgehen, zu einer Stelle, an der du dies alles loslassen wirst."

Er drehte sich um und begann den Aufstieg. Ich ging hinterher.

Der Pfad wurde schmaler. Ein Stück weiter oben begann er, sich zwischen Felsvorsprüngen, Gestrüpp und Gebüsch hindurchzuschlängeln. Die Steine, auf denen wir gingen, waren nach dem Regen glatt und ich musste mich auf jeden Schritt konzentrieren. Der Seher schwebte beinahe vor mir nach oben, während meine Stiefel immer schwerer und schwerer wurden. An manchen Stellen war der Pfad nach dem Regen fast verschwunden und ich musste mich an die Felswand drücken und von Vorsprung zu Vorsprung balancieren. An anderen Stellen wurde er wieder breiter und ich ging einigermaßen sicher und stabil. Meine Bürde wurde immer realer. Inzwischen ging ich so vornübergebeugt, dass ich den Berg fast hochkroch. Der Schweiß lief mir in Strömen über Gesicht und Körper. Wie der Seher versprochen hatte, spürte ich jetzt physisch das Gewicht all dessen, was mein Leben psychisch belastet hatte. Indem ich sie den Berg hochtrug, wurden alle diese Unzulänglichkeiten, Vorbehalte und Projektionen auf eine Art Wirklichkeit, die mich zwang, mich mit ihnen auseinanderzusetzen. Es war unmöglich, sie weiter zu verdrängen, weil sie sich buchstäblich in meine Schultern bohrten, meinen Rücken krümmten und meine Beine unter mir zum Wanken brachten. Und während ich vorwärtskroch, fing ich an, den Sinn dieses scheinbar zwecklosen Vorhabens zu verstehen. Ich fühlte mich plötzlich für all diese Leiden verantwortlich. Es war mir plötzlich wichtig, dass sie wohlbehalten dorthin kamen, wo immer sie hingehörten. Ich triefte vor Schweiß und taumelte, als wir endlich auf einem großen Felsvorsprung haltmachten.

„Das reicht für heute!", sagte der Seher.

Ich wollte gerade den Rucksack abnehmen, als er mich stoppte.

„Warte, komm her und genieß die Aussicht!"

Ich ging hinüber zum Rand des Vorsprungs. Die Felswände fielen senkrecht nach unten ab. Das Tal lag ausgestreckt unter uns wie ein Märchen. Gegenüber ragte der spanische Teil der Pyrenäen schneebedeckt in die Höhe.

Ein Adler schwebte über den Himmel. Das Katharerland erstreckte sich wunderschön auf beiden Seiten, so weit das Auge reichte. Hoch über uns konnte ich die Burg sehen. Sie war noch ein gutes Stück weit weg. Er reichte mit einer Hand über meine Schulter hinweg in den Rucksack und nahm einen Stein heraus, den er mir gab:

„Nimm nun deine Selbstgerechtigkeit. Halte sie in deiner Hand. Spüre sie! Was willst du damit? Sie ist völlig unwichtig. Vergiss sie! Lass sie fallen!"

Er zeigte zum Rand des Felsvorsprungs. Ich schloss die Augen, während ich den Stein hielt und seine glatte, sanfte Oberfläche spürte. Ich fühlte sein Gewicht. Plötzlich erkannte ich, was es war, das ihn genährt hatte, und warum ich es als notwendig erlebt hatte, mich dahinter zu verstecken.

„Deine Selbstgerechtigkeit hat nun ihren Dienst getan. Obwohl sie wahrscheinlich in einem neuen Gewand wieder auftauchen wird, wirst du in der Lage sein, sie zu erkennen, und wissen, was du mit ihr anfangen sollst. Denn heute hast du dich entschlossen, sie für immer loszulassen. Du hast eine Wahl getroffen."

Ich öffnete meine Hand und ließ den Stein fallen. Er traf einen hervorstehenden Felsen und verschwand in der Tiefe.

„Und hier ist deine Arroganz."

Er reichte mir den Stein. Auch er fühlte sich glatt und kalt an. Er war rund wie eine Kugel und ich legte ihn wie ein Kugelstoßer an die Wange, segnete ihn und stieß ihn für immer hinaus ins Nichts.

„Deine Feigheit."

Er reichte mir einen großen, trockenen und kantigen Stein, der sich stumpf und unhandlich anfühlte. Ein unförmiges Denkmal der Schande für meine ebenso unförmigen Gefühle der Schuld und der Angst, die so viel Chaos verursacht hatten.

„Du hast sie aufgelöst, indem du den Mut hattest, sie überhaupt hier hochzutragen. Du kannst sie jetzt loslassen."

Ich ließ den Stein fallen.

„Hier sind alle deine Unzulänglichkeiten."

Es war ein großer, warmer Stein, der gleichzeitig kantig und rund war. Er lag gut in der Hand und es war schön, ihn zu berühren.

„Diesen Unzulänglichkeiten verdankst du es, dass du heute hier bist. Ohne sie hättest du nichts erfahren und nichts gelernt. Du verdankst ihnen sehr viel. Aber jetzt bist du ihnen entwachsen und musst auch sie loslassen."

Ich stand lange da, mit dem Stein in der Hand. Irgendwie repräsentierte er das, was bis jetzt ein stabilisierender Faktor in meinem Leben gewesen war. Aber es war auch eine verlockende Möglichkeit zur Flucht gewesen. Ich gab ihm einen Kuss und warf ihn über den Rand des Felsens. Er beschrieb einen sanften Bogen in der Luft und verschwand.

„Deine unwichtigen und unnötigen Sorgen."

Der Stein war kalt und hatte scharfe Kanten. Auch er bedeutete Flucht und Furcht. Ich nahm Anlauf und warf ihn mit allen Kräften fort.

„Dein verkrüppeltes Verhältnis zu Frauen", sagte er mit einem Lächeln.

Jetzt sah ich, dass dieser Stein beinahe wie ein Phallus aussah. Es handelte sich hier anscheinend um eine Art Anschauungsunterricht, bei dem die Pointe buchstäblich in Stein gemeißelt war. Ich hielt ihn mit ausgestrecktem Arm. Es war lächerlich. Urkomisch. Ich konnte das Lachen nicht unterdrücken und wir lachten beide, bis uns Tränen über die Wangen liefen.

„Ein sogenannter Stand-up-Comedian!", sagte er, als ich den versteinerten Phallus küsste und ihn, immer noch lachend, in den Abgrund warf.

Der Seher

Ich wusste natürlich, dass es ernster war, als es aussah. Aber unser Lachen rückte das Ganze irgendwie ins rechte Licht. Es wurde deutlich, dass mein Verhältnis zu Frauen etwas mit einem Weg oder einer Kraft in mir zu tun hatte, die ich noch nicht zur Kenntnis genommen hatte. Wieder war es, als ob der Seher meine Gedanken lesen konnte:

„Morgen triffst du vielleicht Prat. Dann wirst du es wissen", sagte er und griff nach einem weiteren Stein:

„Dieser Stein gilt deinem ungeklärten Verhältnis zu deinen Eltern."

Ich nahm ihn entgegen. Obwohl er durch viele Schläge narbig und löchrig war, fühlte er sich warm an und war ein perfektes Kunstwerk.

„Jetzt musst du ihnen alle Fehler verzeihen, für die du sie bewusst oder unbewusst verantwortlich gemacht hast, und hoffen, dass sie dir deine stummen Vorwürfe und deine Ablehnung vergeben werden."

Die Worte trafen mich mitten ins Herz. Plötzlich sah ich alles klar vor mir. Sah meine Eltern und die Umstände, unter denen sie hatten handeln müssen. Ihr unermüdlicher Kampf, sich ein Leben aufzubauen, dass all den Erwartungen und Normen entsprach, von denen sie dachten, sie erfüllen zu müssen. All ihre Verluste und Enttäuschungen. Und mitten drin ihre Fürsorge und ihr unerbittlicher Wille, es trotzdem zu schaffen. Ich ließ los und sah zu, wie der Stein die Bergseite hinunterrutschte, bis er außer Sichtweite war.

„Zum Schluss diese beiden. Dein Verhältnis zu anderen Menschen und die Art, wie du dich zu deiner jetzigen Aufgabe verhältst."

Ich nahm die Steine, einen in jede Hand, und wog sie gegeneinander ab. Sie waren etwa gleich schwer. Sie länger herumzutragen wäre Zeitverschwendung gewesen. Ich ließ beide gleichzeitig fallen und hörte ihren Widerhall, als sie weiter unten an die Felswand schlugen.

„Also, das war's", sagte ich und blickte über das Tal hinweg.

Es war ganz still. Man hörte nur das Flüstern des Windes zwischen den Felsen wie das leise Rauschen einer Muschel, die man sich ans Ohr hält. Der Ton von Himmel und Freiheit. Das Unmögliche war geschehen. Ich fühlte mich nicht nur erleichtert und befreit, sondern zum ersten Mal hatte ich auch kein schlechtes Gewissen deswegen. Es war also kein Dummejungenstreich. Das hier war ernst. Es wirkte. Durch die Symbolisierung all meiner Probleme als konkrete, physische Lasten, die ich verwandeln oder derer ich mich entledigen konnte, konnte das Gefühl der Leichtigkeit und der Befreiung bis in mein tiefstes Inneres vordringen. Egal, wie ich es drehte und wendete, egal, wie viele Entschuldigungen mir auch einfielen, es war unmöglich zu leugnen, dass ich mich auf einer sehr greifbaren Ebene von sehr belastenden Elementen meiner Vergangenheit befreit hatte. Trotz schmerzender Gelenke und Muskeln war ich von einem Wohlgefühl erfüllt, das ich noch nie vorher erlebt hatte. Ich drehte mich um, um ihm zu danken. Da erst bemerkte ich, dass er weg war. Ich horchte. Aber da waren nur der Wind und die Stille. Es kam mir vor, als könnte ich weit unten am Rande des Prat dels crémats eine winzige Gestalt sehen, aber ich war mir nicht sicher. Unter normalen Umständen hätte ich geschworen, dass er ummöglich schon so weit weg sein könne. Jetzt wusste ich nicht länger, was ich glauben sollte.

Der Abstieg vom Berg dauerte genauso lange und war genauso beschwerlich wie der Aufstieg, und als ich endlich wieder im Dorf ankam, wurde es bereits dunkel. Ich war völlig erschöpft. Jemand hatte das Licht in der Küche ange-macht. Ich fiel auf einen Stuhl und musste lange dort sit-zen, bevor ich wieder das Gefühl hatte, ich selbst zu sein. Ich schaffte es gerade noch, ein bisschen Brot und Ziegenkäse zu essen. Wie ich schließlich ins Bett kam, weiß ich nicht mehr.

5

Die Metro unter dem Gare du Nord war wie ein stilles, erbarmungsloses Meer. Ströme von Individuen tauchten auf, fluteten die Treppen hoch und runter, flossen zwischen Fahrkartenschaltern und Drehkreuzen hindurch und teilten sich in kleinere Flüsse, die in verschiedene Richtungen flossen: Bobigny, Pablo Picasso, Place d'Italie, Porte de Clignancourt, Porte d'Orléans, Orly oder Aéroport de Gaulle. Ich hatte noch alles von meiner Reise nach Montségur vor einem halben Jahr in frischer Erinnerung und folgte dem Strom und den Schildern zum Bahnsteig, von dem aus es zum Place d'Italie ging. Überall Masken der Verzweifelung, niedergeschlagene, ausdruckslose Augen, kurze, schweigsame und gejagte Blicke. Ein Riesenheer von Stiefeln und Schuhen, die durch die eisigen Gänge stampften, einige nach rechts, andere nach links und wieder andere geradeaus. Der letzte, lange Gang bis zum Bahnsteig war schwarz von Menschen. Schwarz von Menschen mit toten Augen. Ich war der einzig Lebendige weit und breit. Vor einem halben Jahr wäre ich ein Teil des Stroms gewesen, weil es auch in meiner Seele dunkel war. Jetzt trat ich aus dem Fluss heraus, drückte mich gegen die Wand und blieb stehen. Vielleicht um die viel zu einleuchtende Symbolik zu durchbrechen oder zu unterstreichen.

„Se tiennent par la main et marchent en silence …" – *„Sie halten einander an der Hand und gehen schweigend, durch diese erloschenen Städte, die der Nieselregen ins Gleichgewicht bringt. Man hört nichts anderes als ihre summenden Schritte, Schritt für Schritt. Sie gehen schweigend, die Verzweifelten.* Wer anders als Jacques Brel hätte die Titelmelodie zu diesem Film, *Les Désespérés*, schreiben können?

„Ils ont brûlé leurs ailes, ils ont perdu leurs branches …" – *„Sie haben ihre Flügel verbrannt, sie haben ihre Zweige verloren, schiffbrüchig in dem Maße, dass der Tod weiß erscheint. Sie kommen aus Liebe zurück, sie wurden geweckt, sie marschieren schweigend, die Verzweifelten."* War Brel sich dieses Bildes bewusst, als er es schuf? Hatte er gewusst, dass der Tod hier in der Metro zum Place d'Italie ganz buchstäblich weiß war, weil er selbst einmal hier gestanden und sich an die Wand gedrückt hatte?

„Et je sais leur chemin pour l'avoir cheminé …" – *„Und ich kenne ihren Weg, denn ich ging ihn selbst, schon über hundert Mal, hundert Mal mehr als den halben Weg, weniger alt oder tief verletzt, sie werden ihn beenden. Sie gehen schweigend, die Verzweifelten."*

Der Zug war voll bis zum letzten Platz. Die Menschen standen und saßen fast aufeinander. Ich wurde mit hineingezogen, als das Abfahrtssignal ertönte und die Türen zuglitten. Verborgene Gesichter. Niedergeschlagene Blicke. Geschlossene Augen. Der Geruch von Kleidern und Münzen. Von Haut und Zorn. Armut und Sex. Gewalt und Sehnsucht. Das Schaukeln des Zuges. Gare de l'Est, Jacques Bonsergent, République. Wie ein Fluss, der immer weiter über seine Ufer tritt. Bei Oberkampf eine Menge von Zuflüssen, der Untergang des Einsamen, die geballte Faust der Enttäuschung, der Tango des Verlierens, ein fallender Schatten im langen Refrain des Vergessens. Richard-Lenoir, Bréguet Sabin. Bastille. Ein Vers nach dem anderen – der endlose, kurzsichtige Gesang des Menschen an das Schicksal. Oder war es der kurze, aber ewigdauernde Gesang des Schicksals an uns? Ein Fremder auf der Durchreise stieg am Gare d'Austerlitz aus, um einen Kaffee und einen Pastis in Saint-Germain-des-Prés zu trinken. *„Ils marchent en silence les désespérés."*

Es regnete den ganzen Morgen. Als ich aufwachte, war es noch dunkel. In der Küche zündete ich eine Kerze an und sah zu, wie der neue Tag anbrach. Vielleicht verstand ich endlich, dass es nur möglich ist zu *sein*, wenn man akzeptieren kann, dass man nicht unbedingt etwas Besonderes sein muss. Dass dies in Wirklichkeit überhaupt die schönste Art des Seins ist. Dass der Verzicht auf die ewige Jagd nach Anerkennung und Bestätigung eine entscheidende Bedingung dafür ist, Frieden zu erlangen. Es aushalten zu können, von anderen nicht gesehen und damit auch nicht wahrgenommen zu werden. Ganz still im unbekannten Dunkel sitzen zu können, weit weg von der Aufmerksamkeit anderer Menschen. Sich auf sich selbst besinnen zu können, ohne egozentrisch zu sein, und dann das Bewusstsein so zu erweitern, dass es auch anderes als das eigene Ich umfassen kann, das davon überzeugt ist, der Herr der Welt zu sein. Ein Zustand, in dem die Vorstellungen von Subjektivität und Objektivität anfangen, sich aufzulösen.

Alles, wovon ich mich mit Hilfe des Sehers oben auf dem Berg befreit hatte, hatte den Weg für etwas anderes geöffnet. Wie er sagte, kann sich jeder öffentlich hinstellen und eine hohe Ethik und Moral zum Ausdruck bringen. Das Eine zu sagen und etwas Anderes zu tun, ist ein Teil der Lüge und des psychischen Make-ups, die wir Menschen akzeptieren. Doch welche Gedanken und welche Ethik bewegen denselben

Menschen, wenn er mit sich alleine ist und ohne Publikum? Ist es überhaupt möglich zu leben, ohne gesehen und gehört zu werden?

Das, was ich auf dem Berg losgelassen hatte, hatte für einen Zustand Platz gemacht, in dem ich in Zufriedenheit unbeachtet im Halbdunkel sitzen und der gesegneten Monotonie des Regens zuhören konnte. Ohne ein anderes Bedürfnis, als gerade da zu sitzen. Und vielleicht war dieser Zustand ein Teil dessen, von dem der Seher gesagt hatte, dass ich es erforschen und darüber schreiben sollte, weil sonst nur wenige davon wüssten. Das hörte sich vielleicht nicht nach viel an. Wahrscheinlich war es gar nichts. Jedenfalls nicht besonders aufregend. Es ließ sich nicht kaufen und nicht verkaufen. Aber gerade deswegen könnte es so wichtig sein – Frieden zu finden, indem man nichts tut. Vielleicht nicht unbedingt als dauerhaften Zustand, aber als eine Form des Seins, von der aus man zu etwas Wesentlichem vordringen könnte. Vielleicht war es das Haus? Vielleicht die Stadt oder der Berg? Vielleicht befanden sie sich in einer anderen Zeit oder außerhalb der Zeit? Irgendwie hatte ich immer dort gewohnt und immer gewusst, dass es sie gab, weil sie immer in mir als Möglichkeit existiert hatten. Genauso verhielt es sich mit dem Seher. Obwohl ich nur einen einzigen Tag mit ihm verbracht hatte, fühlte es sich an, als hätte ich ihn schon immer gekannt. Die Tatsache, dass ich ihn jetzt getroffen hatte, war nur der Ausdruck des perfekten Zeitgefühls in einem uralten und doch zeitlosen andalusischen Manuskript.

Als ich geduscht hatte und dabei war, mich abzutrocknen, war es, als hörte ich Geräusche aus der Küche und wie kurz danach die Eingangstür geschlossen wurde. Schnell band ich mir das Handtuch um und lief zur Glastür im Rittersaal. Ich konnte gerade noch sehen, wie eine Frau durch die Gartentür verschwand. Als ich in die Küche kam, lag ein

Päckchen mit frischem Brot und Ziegenkäse auf dem Tisch. Anscheinend war das Märchen noch nicht zu Ende.

Draußen hatte der Wind zugenommen. Ich machte Frühstück und fing an, in mein Tagebuch zu schreiben. Die Fensterläden ächzten in ihren Scharnieren. Ich hatte ein paar Seiten geschrieben, als ich merkte, wie ein merkwürdiger, kühler Lufthauch mein Gesicht streifte. Ich sah auf, aber da war niemand. Im selben Augenblick knallte ein Fensterladen gegen das Fenster und verdunkelte die Küche. Ich blieb sitzen und lauschte gespannt, konnte aber nur hören, wie der Wind mit den Fensterläden spielte, die oben in meinem Zimmer offen standen. Trotzdem spürte ich, dass jemand im Raum war. Ich fummelte nach den Streichhölzern auf dem Tisch, warf dabei aber meine Tasse um, so dass der Tee sich überall verteilte. Als ich aufstand und nach den Streichhölzern griff, von denen ich wusste, dass sie auf dem Herd lagen, fiel der Stuhl um. Ich zündete eine Kerze an und konnte gerade noch mein Tagebuch retten, ehe es ganz von Tee durchnässt war. Ich bekam einen Schreck, als ich ihn erblickte. Er saß am Ende des Tisches, fast außerhalb des Lichtscheins der Kerze, und lächelte sein geheimnisvolles Lächeln.

„Wie bist du hereingekommen?", fragte ich verblüfft.

Ich muss komisch ausgesehen haben, denn er konnte sein Lachen kaum unterdrücken. Ich nahm einen Lappen und wischte den Tisch ab.

„Sagen wir mal, ich wollte deine Gewandtheit testen", antwortete er und fuhr fort:

„Ich hatte Lust auf eine Tasse Kaffee und dachte, dass du wegen des Wetters vielleicht gerne zum Berg mitfahren möchtest."

Er stand auf und goss Wasser in eine Tasse mit Pulverkaffee. Draußen tobten die Elemente. Ich dachte, dass, wenn dieses Haus, diese Stadt, ja dieser ganze Ort sich nicht in einer anderen Wirklichkeit befänden, sie vielleicht gar nicht existierten.

„Du kannst ganz beruhigt sein. Dies hier ist viel wirklicher, als du dir vorstellen kannst."

Wieder hatte er meine Gedanken gelesen und wieder vermied er es, auf die Frage zu antworten, die ich gestellt hatte.

„Aber wie hast du es geschafft, plötzlich ohne einen Laut und ohne, dass ich dich sehen konnte, hier in der Küche aufzutauchen?"

Dieses Mal wollte ich eine Antwort. Er zögerte. Dann sagte er:

„Es ist alles eine Frage des Gleichgewichts. Aber das wirst du bald herausfinden."

Er ging zum Fenster und öffnete die Läden. Graues Licht erfüllte die Küche.

„Du hast bereits damit begonnen. Du denkst darüber nach, inwieweit du in der Lage wärst, nichts zu tun und nur zu sein. Ein Teil von dir findet das angemessen und zweckmäßig, während ein anderer laut protestiert. Es gibt einen kleinen Mann in dir, der meint, dass man sein Leben nicht leben kann, wenn man es nicht mit einem Übermaß an intensiver und rastloser Aktivität ausfüllt. Da diese Aktivität natürlich einen anderen Zweck haben muss, als lediglich die Bedürfnisse des kleinen Mannes zu befriedigen, erfindet er eine Reihe guter Ziele, für die er arbeiten will. Doch sie sind nur ein Alibi, um die Flucht fortzusetzen und den hohen Konsum aufrechtzuerhalten. Er glaubt natürlich auch, dass es wichtig ist, den Armen in der Dritten Welt zu helfen und Kriege und Ähnliches aus der Welt zu schaffen. Das ist ja einer der Gründe, warum er so viel zu tun hat. Er denkt nicht daran, dass es genau seine Überaktivität und sein übermäßiger Konsum sind, die indirekt die Ursache für die meisten

Kriege darstellen, und dass er genau dadurch den größten Teil der Ressourcen, die der Dritten Welt hätten dienen können, für sich in Anspruch nimmt."

Er spülte seine Tasse aus und stellte sie ins Abtropfgestell. Ich fühlte, dass ich protestieren musste und hatte das merkwürdige Bedürfnis, Advocatus Diaboli zu spielen:

„Man kann sich doch nicht einfach hinsetzen und sein und alles andere sich selbst überlassen!"

„Kann man nicht?"

Er drehte sich zu mir um und blickte mir in die Augen.

„Aber wer soll das alles hier in Gang halten und wo soll es herkommen?", fragte ich.

„Warte ab!"

Wir fuhren in seinem Wagen, einem dunkelgrünen Chrysler Vision. Ich konnte nicht anders, ich musste daran denken, dass auch das eine Art Verschwendung darstellte, und wollte gerade einen Kommentar dazu machen. Doch er kam mir zuvor.

„Ja, du musst schon entschuldigen", sagte er. „Ich bin wohl ein Romantiker, aber ein realistischer Romantiker. Du siehst nur die Dinge. Du siehst die Automarke. Heute ist das unser Auto. Morgen fährt vielleicht ein anderer damit. Es ist einige Monate lang Teil meines Zuhauses gewesen. Er ist zweckmäßig, wenn man in großen Höhen arbeitet."

Er lächelte. Dann fuhr er fort:

„Es ist alles eine Frage des Gleichgewichts. Man muss immer in der Lage sein, loszulassen. Sich nicht an Dinge zu binden. Unterscheiden zu können. Beweglich zu sein."

Die Fahrt dauerte nur zehn Minuten. Er parkte sein Auto zwischen einigen Büschen. Der Wind hatte sich etwas gelegt, aber der Himmel war schwarz und das Unwetter konnte jeden Augenblick losbrechen.

„Du solltest lieber den hier nehmen", sagte er und reichte mir einen schwarzen Stock mit geflochtenem Muster.

„Heute gehen wir einen Schritt weiter."

Er vergeudete keine Zeit.

„Heute will ich dir Prat zeigen. Wir wollen hoffen, dass sie dich auch sehen will. Ich gehe als erster durchs Gebüsch und du kommst sofort hinterher. Wenn du einen sachten Schauer in der Wirbelsäule spürst, wirst du wissen, dass sie da ist. Aber du wirst sie nicht sehen. Stattdessen musst du dir sagen, dass du isogyn sein möchtest, dass die männlichen und weiblichen Eigenschaften in dir ausgeglichen sein sollen. Verstehst du? Es ist wichtig, dass du das hier verstehst. Der isogyne Zustand ist eine Art neutraler Zustand. Hab keine Angst, wenn du das Gefühl hast, dich aufzulösen. Wenn du durch das Gebüsch gekommen bist, bleibst du stehen und konzentrierst dich darauf, isogyn zu sein. Es ist ein Gedankensprung. Ein Symbol. Im isogynen Zustand bist du weder Mann noch Frau, weder das eine noch das andere, du bist beides gleichzeitig und keins von beidem. Es hat nichts mit dem Androgynen oder Sexuellen zu tun. Es ist ein schöner Zustand. Offen, frei, transzendent und beweglich. Es ist nicht genug, dass du dir den Zustand vorstellst, du musst es sein. Ich lasse es dich wissen, wenn du von dort weitergehen kannst. Verstehst du?"

Er sah direkt in mich hinein. Das Licht spielte in seinen schwarzen Augen. Ich nickte. Er drehte sich um und ging auf das Gebüsch zu. Plötzlich war er von einer Ernsthaftigkeit umgeben, die ich vorher nicht bemerkt hatte. Als er außer Sicht war, ging ich hinterher.

Das Gebüsch umklammerte mich. Die Zweige schienen lebendig. Ich ging mit geschlossenen Augen und konzentrierte mich, so gut ich konnte. Aber meine Gedanken waren ein einziges Durcheinander und zogen mich bald in die eine, bald in die andere Richtung. Ich wiederholte immer wieder: „Ich bin isogyn, ich bin isogyn." Ein Lufthauch ging durch das Dickicht. Ich stoppte, zweifelte. War sie das? Eine Bewegung? Ein Flüstern? *Gib mir dein Herz!* Es fühlte sich an wie eine sanfte, federleichte Berührung. Ich erkannte sie wieder. In einer Reihe blitzschneller Bewegungen spürte ich, wie eine Schicht nach der anderen in meinem Innern weggezogen wurde. Instinktiv versuchte ich, Widerstand zu leisten, aber ich konnte nicht. Es ging so schnell, wie der letzte Tropfen Wasser in den Abfluss einer Badewanne gesaugt wird. Man registriert es, kann aber den Stöpsel nicht schnell genug einsetzen, bevor das Wasser weg ist. Wie ein Blitz traf mich die Erkenntnis, dass ich nicht die Badewanne war und auch nicht das Wasser. Ich war *die Leere* in der Badewanne, der leere Raum, die Offenheit, die das Wasser bis vor kurzem ausgefüllt hatte.

Er stand mitten auf dem Platz. Genau wie am Tag zuvor. Ich blieb am Rande stehen und wartete auf ein Zeichen. Der Wind hatte sich beruhigt. Eine hypnotische Stille lag über dem Ort. Dann fingen die Linien wieder an, bei ihm zusammenzulaufen. Zuerst langsam, gleitend, dann immer schneller und schneller, ohne einen Laut. Wieder spürte ich das schwebende Gefühl, als ich mich auf ihn zubewegte.

„Ausgezeichnet!", sagte er, als ich vor ihm stand und ins unendliche Universum schaute.

Abgesehen von seinem Ernst spürte ich, dass er nun auch sehr entschlossen war.

„Bitte hör gut zu, denn ich werde nicht wiederholen, was ich jetzt zu sagen habe. Es gibt hier so viel, was ich dir zeigen möchte. Prat sagt, dass sie dich gut kennt. Du bist ein einsamer Wanderer. Du bist missverstanden und misshandelt worden. Und du willst das nicht mehr. Du stehst hier, geschlagen und ratlos. Aber wenn das nicht so wäre, wärst du nicht gekommen. Alles hängt miteinander zusammen. Du bist gerade ohne größere Anstrengung in den isogynen Zustand hinein- und wieder aus ihm herausgegangen. Deine Zeit ist gekommen. Es ist ganz und gar deine Entscheidung, ob du den ganzen Weg gehen willst. Prat sagt, dass du jetzt die Möglichkeit hast, aber dass du sie sofort ergreifen musst, wenn du es ernst damit meinst. Denn es ist nicht sicher, ob du noch eine Chance bekommen wirst."

Die Galaxien erstrahlten. Ich konnte seinen Blick bis in den leeren Raum hinein spüren. Dann trat er zur Seite. Ich blieb stehen und schloss die Augen, merkte aber sofort, dass es sich nicht richtig anfühlte. Als ich sie wieder öffnete, stand sie direkt vor mir. Prat. Der Inbegriff der Barmherzigkeit. Dieses universelle Wesen verkörperte die Essenz der Weiblichkeit in allen Altersstufen und Gestalten. Ich sah sie als Mädchen auf einem Thron sitzen. Die feminine Kraft. Die Gralswächterin Esclarmonde? Jetzt erhob sie sich, kam mir entgegen und umarmte mich. Sie nahm mein Herz und erfüllte es mit Zärtlichkeit. Mit einer Zärtlichkeit, von der ich nicht wusste, dass es sie gab. *Hier ist dein Herz!* Vor mir auf dem Boden saß ein Spatz. Er hüpfte ein bisschen hin und her. Dann flog er auf und verschwand. Sie war weg.

Es hatte alles nur einen Augenblick gedauert. Trotzdem war ich nicht überrascht, dass der Seher, genau wie am Tag zuvor, schon das erste steile Stück hinaufgegangen war. Er winkte mir zu. Ich dachte, wie praktisch es doch wäre, wenn ich auch lernen könnte zu fliegen.

Wir begannen den Aufstieg. Obwohl ich heute keinen Rucksack voller Steine schleppte, war die Wanderung dennoch anstrengend. Der Seher ging aufrecht und unbeschwert vor mir her und ich konzentrierte mich auf die Absätze seiner Stiefel, um mit ihm Schritt halten zu können. Ein Stück weiter oben konnte ich die schwarzen Wolken sehen, die auf uns zu kamen. Ab und zu fuhr ein Blitz im Zick-Zack über den Himmel und die Donnerschläge wurden immer lauter. Als der Regen kam, befanden wir uns ungefähr auf halber Höhe mitten auf dem Berg und konnten scheinbar nirgends Schutz suchen. Der Seher gab mir ein Zeichen, dass wir weitergehen sollten, aber ein Stück weiter oben verließ er den Weg und trat unter einen Felsvorsprung, der hinter einigen Büschen verborgen lag.

„Hier sind wir im Trockenen", sagte er, während er das Wasser abschüttelte.

Wir setzten uns auf zwei Steine und bewunderten die Landschaft, die sich vor uns erstreckte. Es regnete in Strömen, als er das Schweigen unterbrach:

„Hast du Hunger?"

Ehe ich antworten konnte, deutete er hinter mich. Dort standen zwei Flaschen Wasser und eine Dose mit Keksen zwischen den Felsen.

„Sie sind unglaublich vorausschauend – die Nornen", sagte er, als ich ihm eine Flasche Wasser und ein paar Kekse reichte.

„Die Nornen?"

Ich muss ziemlich dumm ausgesehen haben, denn er lächelte sein gewohntes Lächeln.

„Hast du sie nicht bemerkt?", erwiderte er und trank einen Schluck Wasser.

Ich sah mich um, konnte aber niemanden erblicken. Er lachte laut. Ich versuchte es noch einmal.

„Urd, Verdandi, Skuld?", fragte ich.

Er nickte. Natürlich kannte ich die drei Schicksalsgöttinnen aus der nordischen Mythologie – Vergangenheit, Gegenwart und Zukunft. Die Nornen, die den Lebensfaden eines jeden Menschen spinnen, messen und zerschneiden. Aber was machten sie hier?

„Wer glaubst du, bringt seltsamen Flüchtlingen, die in einem entlegenen Winkel wie Montségur zu Besuch sind, das Frühstück?", fragte er spöttisch. „Oder holen merkwürdige Personen wie dich mitten in der Nacht vom Bahnhof in Foix ab? Oder verstecken für zwei Verrückte, die sich bei Gewitter auf einen Berg verirren, Proviant in Felsspalten?"

Er breitete die Arme aus. Dann wurde er wieder ernst:

„Urd sagt, dass deine Vergangenheit voller Angst war. Dein Leben war von einem tiefen Gefühl des Verlassenseins und von großer Einsamkeit geprägt. Du hast nie deinen Platz gefunden, weder hier noch dort. Verdandi sagt, dass du nun den Nebelstrudel verlassen hast, um deine wahren Qualitäten zu offenbaren."

Seine Augen waren wie Stecknadeln.

„Skuld sagt, dass du für die künftige Aufgabe gerüstet bist, weil du weißt, wie man in Einsamkeit und im Verborgenen arbeitet. Sie sagt auch, dass du dich zurückziehen sollst, wenn du dich unter Druck fühlst oder wenn jemand deine Grenzen überschreitet. Du bist hier, um neue Möglichkeiten zu eröffnen. Es ist jedoch unbedingt notwendig, dass du frei und ohne jede Form von Begrenzung arbeitest."

Er leerte seine Flasche und stand auf. Der Regen hatte nachgelassen, und die Luft war frisch und kühl.

„Ich bin froh, dass ich niemandem von alldem hier zu erzählen brauche", sagte ich und folgte ihm.

„Wer sagt das?" Er ging zum Felsrand und blickte auf das Tal hinab. Dann rieb er sich die Hände und gab mir ein Zeichen, dass wir weitergehen sollten.

Nach dem Regen war der Pfad noch rutschiger als vorher und wir kamen nur langsam voran. Ich dachte darüber nach, was er gerade gesagt hatte. Wie sollte ich denn jemandem von alldem berichten? Die meisten Menschen würden doch denken, dass ich den Verstand verloren hätte. Andererseits,

Mädchen auf Thron
(Thomas Gotsch, 1894)

was bedeutete das schon? Ich würde mit ziemlicher Sicherheit ohnehin abgewiesen werden. Und warum sollte ich das überhaupt berücksichtigen? Nur um in den Augen anderer gut dazustehen? War das Leben nicht zu kurz, um zu schweigen und diese Dinge geheimzuhalten?

Wir kämpften uns voran und machten auf einem Felsvorsprung weiter oben halt. Er drehte sich zu mir um:

„An dieser Stelle befindet sich das Orakel. Hier kannst du deine Frage stellen und selbst die Antwort empfangen. Du kannst sie genauso gut gleich erfahren. Ich stelle dieselbe Frage wie du, dann sehen wir, ob ich auch dieselbe Antwort bekomme."

Er gab mir ein Zeichen, dass ich weitergehen sollte.

„Formuliere deine Frage laut und deutlich."

Ich trat mit geschlossenen Augen nach vorne und wollte gerade anfangen, als er mich unterbrach:

„Nein – du musst es mit offenen Augen tun. Das ist wichtig."

Ich öffnete die Augen, blieb still stehen und versuchte, mich zu konzentrieren. Dann erblickte ich einen Adler, der ein Stück vor mir in der Luft kreiste. Er lauerte auf Beute. Ich fragte:

„Wie gehe ich von hier aus weiter?"

Ich hatte nicht darüber nachgedacht. Es war das erste, was mir in den Sinn kam. Ich folgte dem Adler mit den Augen. Er kreiste und kreiste, bereit, jeden Moment zuzuschlagen. Ich spürte die Anspannung, die ihn umgab. Er war völlig eins mit seinem Tun, genau wie er gleich eins mit seiner Beute sein würde. Dann stieß er nieder und im gleichen Augenblick erhielt ich die Antwort. Sie kam wie ein Blitz.

„Hast du deine Antwort bekommen?", fragte er.

„Ich glaube schon", antwortete ich.

Er nickte zufrieden.

„Gut – hier ist meine Version."

Er stand eine Weile da und schaute geradeaus. Dann sprach er weiter:

„Du musst alleine reisen und ohne unnötiges Gepäck. Du darfst an diesem Punkt deines Weges niemanden sehen, nicht einmal Gleichgesinnte. Der Auflösungsprozess, den du die letzten Jahre durchgemacht hast, ist zu Ende. Du musst nun frei reisen, im Stillen arbeiten und deine Denkkraft entwickeln. Später wirst du darüber schreiben."

Ich war völlig sprachlos. Es war genau die Antwort, die ich selbst erhalten hatte. Vielleicht nicht genau im selben Wortlaut, aber über den Inhalt gab es keinen Zweifel. Er blickte zum Himmel empor, der noch immer schwarz und bedrohlich aussah. Dann sagte er:

„Heute gehen wir nicht mehr weiter. Morgen werden wir noch eine Stufe höher steigen!"

Ich sah zur Burg hoch. Dann erblickte ich den Adler. Er schwebte durch die Luft, kreiste einmal und setzte sich dann in einen Baum auf dem Felsvorsprung neben uns. Er trug etwas. Einen Spatzen.

Wir aßen bei Gilbert zu Abend. Gilbert war der Besitzer des Hôtel Costes, eines kleinen Betriebes, der seit vielen Generationen im Besitz der Familie war. Es war ein bescheidenes Gasthaus mit einer Handvoll Zimmer oben und einer Handvoll Tische im Restaurant, das nach einfachen Prinzipien betrieben wurde: Gilberts Frau, Maurisette, arbeitete in der Küche und Gilbert selbst servierte; jeden Tag, acht Monate im Jahr.

An einem der Tische saßen zwei Pärchen mittleren Alters und aßen Forelle. Es duftete nach Estragon und Anis. Ein altes Radio spielte knisternd alte französische Tanzmusik, unterbrochen von einer Stimme, die versuchte, aus einer längst vergangenen Zeit zu uns durchzudringen. Wir wurden mit offenen Armen und voller Herzlichkeit empfangen. Gilbert nahm die Hand des Sehers in seine beiden Hände und drückte und schüttelte sie immer wieder, während Worte und Gelächter das Lokal erfüllten. Er rief Maurisette, damit auch sie uns begrüßen konnte. Wir hatten uns kaum an einen Tisch gesetzt, als schon zwei Gläser Pastis und eine Karaffe mit Wasser vor uns standen. Der Seher hob sein Glas:

„So ein Empfang ist selten, selbst unter den allerbesten Freunden."

Wir stießen an.

„Maurisette und Gilbert verstehen das Einfache und Unkomplizierte. Du kannst Fleisch und Gemüse oder Fisch und Gemüse oder nur Gemüse bekommen. Das ist die Speisekarte. Durch und durch einfach. Acht Monate lang. Das ist der Inbegriff von Respekt. Sie zeigen ihn, indem sie dafür sorgen, dass du dich immer willkommen fühlst, und durch die Qualität des Essens und die bescheidenen Preise. Alle Zutaten kommen hier aus der Umgebung. Es ist vor allem eine Lebensweise. Das Geschäft steht an zweiter Stelle."

Wir stießen wieder an. Gilbert stand an seiner Theke und strahlte. Niemand sollte daran zweifeln, dass er heute Abend einen sehr wichtigen und besonders geachteten Gast im Haus hatte.

Gilbert servierte Fisch. Der Seher hatte Wein von Don César in Spanien mitgebracht und gab Gilbert einige Flaschen. Es kamen noch mehr Gäste. Die arthritische Tanzmusik machte einen Lärm wie ein Jahrmarkt voller Gaukler. Maurisette kam und stellte das Radio leiser. Sobald sie wieder verschwunden war, machte Gilbert es wieder lauter. Sie lachten und stießen an. Der Seher sagte:

„Jede Vollkommenheit hat einen verborgenen Mangel. Kein System ist unfehlbar. Selbst große Wahrheiten kennen kleine Notlügen." Er zeigte auf seinen Teller: „Hier können selbst die Fische fliegen!"

6

Es nieselte, als ich auf dem Weg zum Boulevard Saint-Germain am Jardin des Plantes entlangging. Ich überlegte, ob ich Zeit hätte, dem Haus in der Rue Abbé de L'Epée 14 einen Besuch abzustatten, in dem der dänische Autor Herman Bang gewohnt hatte, als Paris sein zweites Zuhause war. Ich kannte den Ort und hatte ihn schon mehrmals besucht; aber aus irgendeinem Grund entschloss ich mich, es dieses Mal nicht zu tun. Vielleicht weil ich mich plötzlich und ohne ersichtlichen Grund in Brels Chansons wiedergefunden hatte. Obwohl sie Bangs Poesie auf vielfältige Weise ähnelten, gehörten sie trotzdem in eine andere Zeit. Oder vielleicht war ich von diesem besonderen Weg abgekommen, weil ich gerade Georges Simenons gesammelte Werke las. Vielleicht befand ich mich auch an der Pforte zu einer viel tieferen Erinnerung, die nicht unbedingt etwas mit Paris zu tun hatte, die aber aus unerklärlichen Gründen nur hier aufzulösen war. Seit meiner Kindheit hatte ich solche Situationen erlebt, aber ich wusste nie vorher, wann sie auftauchen würden. Sie waren wie Löcher in der Zeit, Öffnungen zu einer anderen Wirklichkeit oder zu einem Paralleluniversum. Als

Kind hatte ich erfahren, wie es war, die Gegenwart zu überschreiten und in andere Zeiten einzutauchen. Ich hatte Verstorbene gesehen, die wieder lebendig waren. Ich hatte erlebt, wie vergangene und zukünftige Ereignisse sich vor meinen Augen abspielten, und erst viel später herausgefunden, was das zu bedeuten hatte. Ich hatte das Leid anderer Menschen wie mein eigenes erfahren, allein dadurch, dass ich sie ansah. Vielfach hatte ich sehen können, was die Ursache dafür war. Durch diese Öffnungen trat ich oft unbemerkt aus der Zeit heraus und in andere Welten hinein. Ich konnte nie erklären, was die Erinnerung aktivierte und wie die Öffnung zustande kam. Es konnte eine Person sein, ein Augenpaar, ein Mund, ein Duft oder ein Ton. Es konnte ein Ding sein, ein Brief oder die Art, wie es regnete. Es konnte ein Ort sein, eine Straße, ein Haus oder die Art, wie das Licht fiel. Es konnte auch ein Wort sein, ein Lied oder die Art, wie zwei Menschen aneinander vorbeigingen. Ich konnte eine Straße entlanggehen und plötzlich vor der Wahl stehen, ob ich das Ziel, das ich mir gesetzt hatte, weiterverfolgen oder einer Eingebung nachgehen sollte, die mich veranlasste, durch ein Tor in einen Hinterhof zu gehen oder vielleicht in einen Bus zu steigen, der in die entgegengesetzte Richtung fuhr. Mit Büchern ging es mir so, dass sie mich fanden, wenn ich sie nicht fand. In einer Buchhandlung konnte ich beispielsweise direkt zu einem Regal gehen und genau das Buch herausziehen, das ich gerade in diesem Moment benötigte. Wenn es anfangs nicht zu passen schien, konnte ich sicher sein, dass ich irgendwo darin einen Hinweis auf das Buch finden würde, das ich brauchte. Zu anderen Zeiten fielen mir Bücher buchstäblich auf den Kopf oder kamen mit der Post. All das hatte ich nie als etwas Ungewöhnliches empfunden. Es war einfach ein Teil der Dinge, über die man nicht sprach. Nach und nach hatte ich gelernt, solche Sachen für mich zu behalten. Es war mir direkt peinlich, wenn ein Mensch durch die Kraft der Gedanken Gabeln verbog und Uhren anhielt – und das auch noch im Fernsehen. Es war sehr merkwürdig, wenn jemand die zwei ältesten Entdeckungen der Menschheit, das Besteck und die Zeit, verändern wollte. Ich nahm an, dass niemand je gesehen hatte, wie der gleiche Mensch die Gabeln wieder gerade bog oder die Uhren wieder zum Gehen brachte. Solch ein Zirkus verursachte nur, dass alle, die wussten, dass sie ähnliche Kräfte hatten, sie entweder ignorierten oder sich in Schweigen hüllten.

Erst auf dem Montségur hatte der Seher mir gezeigt, wie sich diese Zeitlöcher als bequeme Fluchtwege nutzen ließen, auf denen ich verschwinden konnte, wenn die Wirklichkeit zu aufdringlich wurde. Vermutlich ließen sie sich auch mit den Phasen, in denen ich krank gewesen war, in Verbindung bringen. Er hatte mir gezeigt, wie diese Schlupflöcher, die meistens zu niederen astralen Zuständen führen, in Öffnungen zu einer gegenwärtigen Wirklichkeit verwandelt werden konnten, in Öffnungen, die sich sozusagen nach innen wenden, zum Jetzt hin, anstatt nach außen und vom Jetzt weg. Indem ich jedes Mal, wenn diese Situationen entstanden, meine Aufmerksamkeit schärfte und intensivierte, würde ich ihrer langsam Herr werden. Auf diese Weise würde ich allmählich die innere Resonanz und das innere Schauen entwickeln, welche die Voraussetzung dafür waren, sich frei durch andere Dimensionen bewegen zu können. Aber so, wie die Dinge im Augenblick lagen, fühlte ich mich nicht, als könnte ich überhaupt irgendetwas beherrschen.

Dann passierte es. Ich ging durch eine der kleinen Strassen im 5. Arrondissement, nicht weit von Bangs Wohnort entfernt. Ich erblickte eine algerische Bar und hatte die Eingebung, hineinzugehen. Es war eine dieser Bars, von denen es auf dem linken Seine-Ufer früher einmal so viele gegeben hatte, die aber von schickeren Bistros und Boutiquen verdrängt worden waren. Schlechte Beleuchtung, arabische Musik, einfache Möbel und ein Duft von Räucherstäbchen, Shish Kebab und Haschisch. Im Dunkeln hinter der Bar konnte ich ein paar lächelnde, weiße Zähne erahnen und bestellte einen Pastis. Als meine Augen sich an die schlechte Beleuchtung gewöhnt hatten, erblickte ich ihn. Im Spiegel hinter der Bar sah ich ihn an einem der Tische sitzen. Den Seher. Ich drehte mich um. Das Lokal war leer, und der Spiegel auch. Aber das Lächeln war unverkennbar. Ich nippte an meinem Pastis und schloss die Augen. Dann wurde mir klar, dass etwas an dieser Bar einer vergangenen Zeit angehörte und einem anderen Ort. Ich sah etwas, das aussah wie ein Basar mit einem großen Marktplatz. Ich wusste, dass es ein Ort in Spanien war. Ich ging hinaus in die glühende Hitze und das grelle Sonnenlicht. Überall wimmelte es von Menschen, aber zwei Männer, die auf dem Markt standen und miteinander sprachen, fesselten meine Aufmerksamkeit. Sie kamen mir auf beunruhigende Weise bekannt vor. Sie schienen sehr in ihr Gespräch vertieft. Ich ging näher, bis ich ihre Stimmen hören konnte, und obwohl ich die Sprache, die sie sprachen, nicht unmittelbar verstand, konnte ich es sehen: Mir wurde klar, dass der eine ein Gelehrter war und der andere ein fahrender Sänger. Der Gelehrte hatte helle Haut und blaue Augen. Der Sänger war dunkelhäutig und hatte braune Augen. Plötzlich sah der Sänger in meine Richtung. Jetzt hatte der andere mich auch entdeckt. Zuerst sahen beide überrascht aus, dann lächelten sie. Der Dunkelhäutige hob den Arm, als wolle er mich herüberwinken, wurde aber sofort von dem Gelehrten davon abgehalten. Es war etwas in seinen Augen, das mich zum Umkehren bewegte. Ich fing an zu laufen. Zwischen Händlern, Schlangenbeschwörern und Wahrsagerinnen hindurch. Eine Tür schlug zu, als ich in die Bar zurückkehrte. Ich öffnete die Augen. Ein Mann mit dunkler Hautfarbe hatte sie hinter sich zufallen lassen, er ging an der Theke vorbei und verschwand im Hinterzimmer. Ich trank meinen Pastis und bezahlte. In einer Stunde ging mein Zug vom Gare d'Austerlitz.

Der Wind hatte nachgelassen und es hatte aufgehört zu regnen. Ich war mehrmals in der Nacht wach gewesen, war aber offenbar wieder tief eingeschlafen, denn ich wachte auf, weil mich jemand rief. Als ich die Augen öffnete, stand der Seher in der Tür.

„Wie spät ist es?", fragte ich etwas verwirrt und griff nach meinem Hemd.

„Anderthalb Stunden nach Eleganz oder fünf Minuten vor Dummheit. Das hängt ganz von dir ab!"

Ich stand auf. Er hatte Wasser gekocht und Brot auf den Tisch gestellt, während ich im Bad war. Er saß am Tisch und betrachtete mich, während ich aß.

„Wenn du mit der Wirklichkeit in Kontakt kommen willst, musst du wissen, was wirkliches Zeitgefühl ist. Wenn du das weißt, wirst du immer zur rechten Zeit da sein. Nicht fünf Minuten vorher oder nachher, sondern genau in dem Augenblick, in dem in einer gegebenen Situation die optimalen Bedingungen herrschen, damit sie gelingt."

Er goss warmes Wasser in meine Tasse und schob das Glas mit Nescafé über den Tisch.

„Es ist an der Zeit, dass du die Theorie in die Praxis umsetzt. Versuche, einen deiner Gedanken zu beobachten. Er entsteht scheinbar aus dem Nichts und ehe du es merkst, hat ein neuer seinen Platz eingenommen. Das geschieht, ohne dass du es ändern kannst. Wenn dein ‚Ich' auch ein Gedanke ist, wer ist es dann, der denkt?"

Die Frage vibrierte zwischen uns in der Luft.

„Als du erlebt hast, wie dein ‚Ich' sich auflöste, wer war es, der das erfahren hat?"

Ich war plötzlich hellwach, denn das war eine Frage, die ich mir schon oft gestellt hatte, ohne mich auch nur ansatzweise einer Lösung zu nähern.

„Deshalb müssen wir die Verhaltenspsychologie hinter uns lassen. Wir können das „Ich" nicht leugnen. Aber wir müssen verstehen, dass es ein „Ich" gibt, das sich ausschließlich auf die Welt bezieht, und ein anderes, höheres „Ich", das ohne Begrenzung und in perfekter Ausgeglichenheit mit allen Aspekten des Daseins ist. Während das niedere „Ich" vollauf damit beschäftigt ist, sein Geld zu zählen und die Zukunft zu planen, Strategien zu entwickeln, seine Karriere zu pflegen, zu shoppen und zu konsumieren, sich Sorgen zu machen und nach Bestätigung zu suchen, ist das höhere „Ich" nur damit beschäftigt zu *sein*. Während das kleine „Ich" das Gefühl hat, alle seine Aktivitäten zu brauchen, um existieren zu können, *ist* das höhere „Ich", weil es vollständig frei von allem überschüssigen Ballast ist. Deswegen machen die Menschen ab und zu die Erfahrung, dass es zwei verschiedene Welten gibt. Dieses Erlebnis ist natürlich ein Anfang, aber den solltest du längst hinter dir gelassen haben. Wenn du den richtigen Zeitpunkt verpasst, liegt das nur daran, dass du nicht präsent bist. Die meisten glauben, dass sie es im Griff haben, wenn sie sich nur richtig anstrengen und bis zur Erschöpfung konzentrieren. Doch in Wirklichkeit verhält es sich genau umgekehrt. Zuerst muss man lernen, nachzugeben und loszulassen. Man muss bereit sein, die Dinge und Möglichkeiten sein zu lassen. Egal, wie offensichtlich sie sein mögen. Dann muss man lernen, seine Aufmerksamkeit zu schärfen, ohne sich anzustrengen. Auf diese Art übt man echte Gegenwärtigkeit. Sie ist eine Verlängerung der tieferen Intuition. Diese darfst du nicht mit weiblicher Intuition, wie man sie üblicherweise versteht, verwechseln. Echte Intuition ist eher eine Art Allgegenwärtigkeit oder Allwissenheit, wenn du so willst. Aufgrund dieser Gewissheit ist das „Ich" in der Lage zu sein."

„Was ist das für ein Wissen? Was soll es bezwecken?"

„Wenn wir uns ausschließlich auf die Verhaltensebene beziehen, werden wir schnell herausfinden, dass all unser Tun und all unser Suchen im Grunde genommen aus Furcht entsteht. Solange wir auf dieser Ebene bleiben und nicht einsehen wollen, dass es andere gibt, werden wir unser ganzes Leben lang im Wesentlichen aus der Furcht heraus handeln. Diese Furcht beruht auf dem Wissen des kleinen Ich, dass es nicht genug von allem und für alle gibt, dass es bestohlen wird, wenn es sich nicht hinter dicken Mauern versteckt und gegen jede Art von Bedrohung versichert, dass es Krieg gibt, wenn nicht aufgerüstet wird, usw. Das Wissen des wahren „Ich" gründet auf Vertrauen. Es weiß, dass es universeller Herkunft ist. Da es nicht an Besitz oder Status interessiert ist, hat es auch nichts zu verlieren. Das wahre Ich weiß, woher es stammt, warum es hier ist und wohin es geht. Wenn man dieses Wissen in all der Unruhe vergisst, kann man es nur wiedergewinnen, indem man alles aufgibt, was das kleine Ich so hoch schätzt."

Die Wörter fügten sich aneinander wie Karten in einer Patience, die gerade aufgegangen ist. Und doch hatte ich das Gefühl, dass er etwas ausgelassen hatte. Dass sich hinter den Sätzen mehr verbarg, etwas Tieferes, etwas, das vielleicht so entscheidend und unwiderruflich war, dass es nicht ausgesprochen werden konnte oder sollte.

Es kann kaum einfacher gesagt werden, als mit Shakespeares unsterblichen Worten: „Sein oder nicht sein, dass ist hier die Frage." Leider haben diese Worte über die Zeit ihre Kraft verloren und wir haben vergessen, was sie wirklich bedeuten.

Er hatte sich erhoben zum Zeichen, dass es Zeit zum Aufbruch war. Draußen war die Sonne über die Berggipfel gestiegen. Die Erde dampfte vor Feuchtigkeit und es schien ein klarer Tag zu werden. Oben am Hang waren die Handwerker dabei, die letzten Dachziegel zu legen. Ein paar Katzen rekelten sich in einem Sonnenstrahl. Über dem Dorf lag ein goldener Glanz.

„Es scheint ein guter Tag zum Fliegen zu sein", sagte der Seher, als er mit dem Wagen zwischen den Büschen hindurch auf den Parkplatz einbog.

Wir gingen zusammen durch das Gebüsch. Das Gefühl von Auflösung, das ich am vorhergehenden Tag gespürt hatte, erlebte ich jetzt als einen natürlichen und neutralen Zustand, der in dem Moment eintrat, in dem ich das Word „isogyn" flüsterte. Wir gingen direkt in die Mitte von Prats Wiese, wo der Seher sich zu mir umdrehte und sagte:

„Wer bist du?"

Die Frage war sehr direkt und ich fühlte mich überrumpelt. Ich zögerte. Ich hatte mich in einen einschläfernden Zustand begeben, den ich als rein und neutral ansah. Aber ich erkannte schnell, dass es sich eher um einen Ausdruck mangelnder Verantwortung handelte, denn ich war nicht gegenwärtig. Mein Gehirn arbeitete auf Hochtouren. Ein Begriff folgte dem nächsten, ohne dass ich mich entscheiden konnte, welcher von ihnen angemessen war. Wie wollte ich dastehen? Wer wollte ich sein? Und während ich grübelte, verstand ich, dass genau das die Ursache dafür war, dass ich in Bezug auf seine Frage genauso falsch lag wie heute morgen, als er mich geweckt hatte. Ich sah jetzt alle die hochgeschraubten Vorstellungen, die ich von mir selbst gehabt hatte. Alle Masken, hinter denen ich mich jemals versteckt hatte, zogen an meinem inneren Auge vorbei wie ein Film, der hastig von seiner Spule ablief. Danach gab es nur noch das weiße Licht des Filmprojektors. Nichts! Er wartete nicht auf meine Antwort, sondern fuhr fort:

„Was willst du hier?"

Ich wusste, dass es nicht wahr wäre, wenn ich „nichts" antwortete, und dass er das auch wüsste. Ich war mir auch im Klaren darüber, dass er nicht fragte, um eine Antwort zu bekommen. Er kannte sie bereits. Er tat es einfach, um mir eine Gelegenheit zu geben, meine Aufmerksamkeit zu schärfen. Alles ging so schnell. Ich bemerkte, wie meine Fähigkeit, klar zu denken, durch sein Eingreifen in Schwung kam. In seiner Gegenwart geschahen die Dinge ohne Zögern, ohne Anstrengung. Ehe ich eine Antwort finden konnte, erkannte ich, dass jede einzelne mit der allem zugrundeliegenden Furcht zu tun hatte, von der er früher gesprochen hatte. Dem war nichts hinzuzufügen.

Wir begannen den Aufstieg. Ich ging entschlossen und vornübergebeugt und stieß auf dem ersten steilen Stück meinen Stock in den Sand. Der Seher ging unbeschwert und aufrecht mit seinem Stock auf der Schulter. In dem Augenblick, in dem ich das sah, wusste ich, dass dies ein Teil seiner Absicht war und dass er mir zeigen wollte, dass alles eine Frage der Haltung war, auf der physischen, der mentalen und der geistigen Ebene. Es war seine Art, mir zu sagen, dass ich mich aufrichten und meine Würde wiedergewinnen solle. Es gab keinen Grund, das Ganze schwieriger zu machen als nötig.

Ich richtete mich auf und fühlte sofort die Geschmeidigkeit in meinem Rücken. Wir kamen am ersten Felsvorsprung vorbei. Die Luft war klar und der Raum unendlich. Die Sonne schien genau auf die Bergwand. Der Seher hatte wieder die Führung übernommen und beschleunigte seinen Schritt. Ich sah wieder nur die Absätze seiner Stiefel. Links, rechts, links, rechts. Ich schwitzte und bemerkte erst später, dass ich meine Haltung wieder verloren hatte. Als wir den zweiten Vorsprung erreichten, konnte ich mich nicht mehr konzentrieren, und als wir den Aufstieg zum dritten begannen, kamen ohne Vorwarnung eine Reihe von Gedanken in mir hoch, von denen ich wusste, dass sie von ihm stammen mussten. *Krankheit entsteht durch Widerstand! Widerstand gegen Veränderung!* Über dem Abgrund kreiste ein Adler. Ich kämpfte, um Schritt halten zu können. Mein Atem war kurz und keuchend, meine Beine waren schwer wie Blei. Ich zog die Jacke aus und warf sie über die Schulter. Als wir den vierten Vorsprung erreichten, war ich mir sicher, dass er Halt machen würde. Ich konnte nicht mehr. Aber er setzte den Aufstieg wortlos fort. Er war nun mehr als zehn Meter vor mir und ich ging nur weiter, weil ich nicht wollte, dass er sah, wie ich aufgab. Im Prinzip hätte er mein Vater sein können.

Der Pfad wand sich immer höher, zwischen Büschen und Felsvorsprüngen hindurch, und plötzlich war er weg. Ich beeilte mich, so gut ich konnte. *Gib deinen Widerstand auf!* Ich kroch eher, als dass ich ging. Er war noch immer außer Sichtweite, als ich an der Biegung ankam, an der er verschwunden war. Ich ging weiter. Meine Lungen fühlten sich an wie ein Blasebalg voller Sand. Als ich schließlich ein von Büschen umgebenes Stück des Weges durchquerte, sah ich ihn weiter oben stehen und warten. Das gab mir wieder Kraft. Er stand ganz dicht am Felsrand. Ich näherte mich langsam. Meine Beine gaben nach. Alles war still. Lautlos. Ich fühlte nur, dass ich schwebte, so wie vorher schon auf dem Prat dels crémats. *Komm!* Er rief mich zum Rand hin. Ich konnte meine Bewegungen nicht mehr steuern. Etwas kam aus den Tiefen meiner Erinnerung hervor. Jetzt konnte ich den Abgrund sehen. Mir wurde angst und bange. Vor mir öffnete sich eine gewaltige Kluft und irgendwo im Dunkeln spürte ich die Panik. *Lass jetzt los!* Die Stimme sprach ruhig und präzise. Ich stand am äußersten Rand. *Ich bin bei dir!* Mein Magen zog sich zusammen. *Zeig mir dein wahres Ich!* Er nahm meine Hand. *Jetzt!* Ich schloss die Augen und trat einen Schritt vor. Meine Hand umklammerte seine. Es fühlte sich an wie zwei elektrische Leitungen, die sich berührten. Wie zwei Flammen, die, befreit von Wachs und Docht, zu einer wurden.

Die Flamme brannte hell und strahlend in der klaren, blauen Luft.

Schwebend. Zwei Menschen auf dem Felsvorsprung. Die Silberschnur verbindet uns mit uns selbst. So weit das Auge reicht, unendliche Reihen von Ideen und Wörtern, wie Dominosteine, die einer nach dem anderen umfallen und in der Luft verbrennen. Lies sie selbst!

Ich öffnete die Augen und sah, dass ich einen Schritt vom Abgrund weg stand.

„Was war das?"

Er lächelte. Aber nicht sein gewöhnliches Lächeln. Er war sehr klar und leuchtete. Sein Anblick machte meine Frage völlig bedeutungslos. Auch er hatte seine Jacke ausgezogen. Ich konnte Schweißperlen auf seiner Stirn sehen. Er schien irgendwie verändert oder vielleicht war es meine Art, die Dinge zu sehen, die sich geändert hatten. Es war ein völlig anderer Ton, der nun erklang. Er war reiner, voll von neuem Humor, weit jenseits von Wortspielen und Nachsichtigkeit. Zwischen uns gab es keinen Abstand mehr. Im Bruchteil einer Sekunde war aus zwei Flammen eine geworden. Der Aufstieg war unerbittlich und beschwerlich gewesen, der eigentliche Übergang undramatisch, still und leicht. Alles, womit ich mich in Gedanken beschäftigt hatte, alles, was sich beinahe zu einem existentiellen Zeitvertreib oder zu einem bequemen Versteck entwickelt hätte, alles, was ich bis jetzt auf intellektueller oder gefühlsmäßiger Ebene verstanden hatte, war nur ein Schatten der Realität, die er mir gerade gezeigt hatte. Es hatte alles nur einen Augenblick gedauert. Doch jetzt wusste ich auch, dass in jedem von uns mehr als nur eine Möglichkeit existiert. Dass wir eine Wahl haben und immer bereit sein müssen, sie zu treffen. Dass direkt neben dem Ängstlichen und dem Bekümmerten, dem Unglücklichen und dem von Hass Erfüllten, dem sich selbst Behauptenden und dem Arglistigen, dem Neidischen und dem Gierigen immer eine andere Form des Seins existiert; ein Wesen, das ungeteilt und umfassend ist, unkompliziert und ganz. Eine Flamme, die immer brennen wird, auch wenn sie noch so klein ist und darum im entferntesten Winkel steht.

Auf dem Weg zurück ging der Seher vorneweg. Ich konnte nicht anders, ich musste ihn die ganze Zeit ansehen, seine entspannte Leichtigkeit, voller Präsenz und Fürsorge. Ich hatte noch nie einen solchen Menschen getroffen. Er war aus einer anderen Welt. Und doch gab es etwas an ihm, das mir sehr vertraut vorkam. Ich dachte darüber nach, wie er zu einer Zeit, in der alles schwarz war und auseinanderbrach, plötzlich in mein Leben getreten war. Wenn das nicht perfektes Timing war, welcher göttliche Zufall könnte dann dafür verantwortlich sein? Warum ich? Warum dieser Berg?

Auf einem Absatz weiter unten machten wir eine kurze Pause. Wir standen schweigend da und betrachteten das Tal und die Berge; diese große, atemberaubende und unfassbare Aussicht, die mich immer wieder überraschte.

Wir kamen rechtzeitig ins Dorf zurück, um den kleinen Buchladen Librairie „Le Gaulois" zu besuchen, der zur Straße hin lag. Der Besitzer, Thierry Salles, spendierte aus Anlass des letzten Öffnungstages der Saison ein Glas Wein. Der kleine Raum war voll mit Büchern. Ich ging zu einem Regal und zog ein Buch heraus, „Massacre at Montségur" von

Zoé Oldenbourg. Oben am Hang waren die Arbeiter dabei, ihre Werkzeuge zusammenzupacken. Vor einem der Häuser war eine alte Frau dabei, die Wäsche von einem wackligen Wäscheständer zu nehmen. Die Sonne goss ihr langes, goldenes Licht über die Pyrenäen. Wir standen zu dritt auf der Straße und sahen zu, wie sie verschwand. Irgendwo in der Nähe lachte ein Kind. Ich stand bloß da und spürte, dass das Leben gütig war.

Der Nachtzug nach Madrid fuhr um 19.45 Uhr aus Paris ab. Ich war in den verkehrten Waggon eingestiegen und ging durch den Zug, um das richtige Abteil zu finden. Die Gardinen in meinem Abteil waren zugezogen. Ich öffnete die Tür und ging hinein. Ein hagerer Mann saß dort und drückte sich in eine Ecke. Er trug ein Nike T-Shirt, eine dünne, fleckige Gabardinehose und eine kurze Jacke aus Kunstleder. Ich nickte ihm zu und stellte meinen Koffer auf den Boden zwischen den Sitzen. Ein Schild an der Wand machte darauf aufmerksam, dass es verboten war, die Liegen auszuklappen. Das Zugpersonal würde das um 22.00 Uhr tun. Ich setzte mich dem dünnen Mann schräg gegenüber. Er war um die dreißig und unterernährt. Sein fettiges Haar und seine Bartstoppeln sprachen Bände. Er war offensichtlich kein Spanier und sah auch nicht aus wie ein Franzose. Er fummelte an seiner Tasche herum, die auf dem Sitz neben ihm stand. Als der Reißverschluss endlich nachgab, füllte der würzige Duft von Salami das Abteil. Er wühlte in seiner Tasche herum und fand schließlich, wonach er suchte. Er stellte eine ganze Flasche Wodka auf den kleinen Tisch am Fenster.

„Aus der Ukraine", sagte er in gebrochenem Englisch. „Willst du?"

Mein erster Gedanke war, sein Angebot abzulehnen, aber irgendetwas an ihm machte es mir schwer. Ich nickte zögernd. Er war schon dabei, einen der plombierten Zahnputzbecher, die mit desinfiziertem Wasser gefüllt waren, zu leeren, damit ich etwas hätte, woraus ich trinken könnte. Ich protestierte, als er ihn mit Wodka füllte. Aber er unterbrach mich:

„Wodka aus Ukraine, bester in der Welt."

Er leerte noch einen Zahnputzbecher und füllte auch ihn mit Wodka.

„Ukrainischer Wodka viel besser als russischer Wodka. Russischer Wodka sehr schlecht!"

Er hob den Becher. Wir stießen an. Er leerte seinen Becher in einem Zug. Ich nippte nur an meinem.

„Trink, trink!", sagte er begeistert.

Er füllte seinen Becher noch einmal. Seine Bewegungen und seine ganze Erscheinung verrieten, dass er ein Problem hatte. Ich nahm einen größeren Schluck, um höflich zu sein, doch ich hustete alles wieder hoch.

„Trink, trink!", rief er.

Obwohl er lächelte, konnte ich an dem gläsernen Ausdruck in seinen Augen erkennen, dass er kein glücklicher Mensch war.

„Wohin fährst du?", fragte ich.

„Madrid! Letzte Woche gehe ich von Ukraine. Ich fahre Deutschland. Ich fahre Paris. Paris ich bleibe zwei Tage. Jetzt ich gehe Madrid. Freund hat Bar in Madrid. Er reich."

Ich fragte mich, wie er es wohl geschafft hatte, zu dieser Jahreszeit zwei Tage in Paris durchzukommen. Er sah nicht aus, als ob er sich ein Hotel leisten konnte. Andrerseits wollte ich ihn durch meine Fragen auch nicht verlegen machen.

„Ukraine und Europa, Freunde – ja!"

Er hob den Becher und trank aus. Man konnte inzwischen deutlich die Wirkung sehen. Er beugte sich schräg zu mir herüber:

„Europa kaputt. Schwarze Leute nicht gut. Überall schwarze Leute und asiatische Leute. Nicht gut."

Er hatte plötzlich einen abschätzigen Zug um den Mund, der seine Verachtung unterstrich.

„Ukraine und Europa, gut, ja. Weiße Leute, gut, ja!"

Er konnte kaum noch seine Bewegungen kontrollieren, als er sich noch einen Becher eingoss. Die Zeit verging wie im Schneckentempo. Er goss ein und wir stießen an. Ich nippte und hoffte dabei, dass es überzeugend aussah, aber im Grunde genommen war es jetzt gleichgültig. Er registrierte es nicht, sondern wurde immer wütender auf die Welt, die am misslichen Schicksal Schuld war, welches das Land, aus dem er stammte, ereilt hatte. Wenn irgendjemand ihm jetzt eine Armbinde mit einem Hakenkreuz angeboten hätte, es hätte ihn kaum mehr als ein Glas Wodka gekostet. Es war sehr schwer, ihn zu mögen. Plötzlich konnte ich ihn sehen. Ich konnte durch alle Schichten von Verlust, Missbrauch, Schmerz, Minderwertigkeit und Hass hindurchsehen. Man brauchte kein Psychologe zu sein, um ihn zu durchschauen. Aber da war auch etwas anderes.

Er ist fünf Jahre alt. Zusammen mit seiner jüngeren Schwester steht er über die Mutter gebeugt, die in einer verzerrten Stellung am Boden liegt. Sie versuchen, sie zu wecken. Später kommen die Nachbarn zu Hilfe, aber die Mutter wacht nicht auf. Er geht in dem kleinen Dorf, in dem er vor langer Zeit gewohnt hat, die Straße entlang. Niemand anderes als er ist zu sehen. Alle Häuser sind unbewohnt. Über dem Ganzen liegt ein grauer Schimmer. Ein paar Autos stehen auf einem eingezäunten Parkplatz vor einem grauen Gebäude. Ein Kraftwerk. Er geht bis zum anderen Ende des Dorfes. Er steht vor dem Gartentor eines großen, verfallenen Holzhauses. Ein Kinderheim. Es ist Nacht. Er läuft auf einen hohen Zaun zu. Eine Fabrik. Er hat einen Hund auf den Fersen. Hinter ihm liegt ein Wächter in einer Blutlache. Die Beute entspricht nicht einmal einem halben Tageslohn. Er geht eine Straße in einer Großstadt entlang. Es ist kalt und die Leute sind in Eile. An einem Ort, an dem man alles kaufen kann, tauscht er seinen warmen Mantel gegen eine schicke Lederjacke, in der er in Europa seriöser aussehen wird.

Als der Zugbegleiter kam, um das Abteil für die Nacht vorzubereiten, schlief er bereits tief. Sein Kopf war ihm auf die Brust gesunken und Speichel tropfte aus seinem Mund. Der Becher war umgefallen und ein kleines Rinnsal Wodka lief über den Boden. Ich trocknete sein Gesicht ab, zog ihm die Jacke aus und manövrierte ihn ins Bett. Als ich ihn zudeckte, öffnete er die Augen und murmelte:

„Ukraine, bester Ort auf der Welt."

Tief im Dunkeln konnte ich ein Licht sehen. Die Flamme war nicht besonders kräftig, aber sie war da.

7

Tag für Tag und Stück für Stück arbeiteten wir uns dem Berggipfel entgegen. Gleichzeitig führte der Seher mich immer weiter über die Grenzen des Wahrnehmbaren hinaus. Wir wiederholten jeden Tag die gleichen Schritte und ich merkte, wie sich meine Fähigkeit, mich zu konzentrieren, entwickelte und das Gefühl von Gegenwärtigkeit intensiver wurde. Während die Tage vergingen, wurde deutlich, dass alles, was er tat, einem übergeordneten Ziel folgte und Teil eines größeren Plans war. Mit ihm zusammen wurde das Leben zu einem Instrument des Wandels, das wir in allen Tonlagen spielten. Es war ein symphonischer Reinigungs- und Erkenntnisprozess oder wie er sagte:

„Wie willst du dich bewegen, wenn du nicht bereit bist, alles, was dich blockiert, fallen zu lassen? Der Mensch ist ein Instrument, das gestimmt werden muss, um den Ton zu halten!"

Wenn er fand, dass es an einem Tag besonders gut gegangen war, feierten wir bei Gilbert im Costes. Wir tanzten auf den Ruinen des Kummers und der Leiden, die an jenem Tag gleichsam begraben worden waren. So zollten wir jedem einzelnen Element Respekt, das nun seinen Zweck erfüllt und ausgedient hatte.

Am Vorabend des letzten Arbeitstages deckten wir den Tisch im Rittersaal und machten Feuer im Kamin. Ich kochte ein einfaches Essen. Der Seher stellte eine Flasche Don César auf den Tisch. Draußen hatte es wieder angefangen zu regnen. Windstöße ließen die Läden gegen die Fensterrahmen schlagen.

„Im Grunde genommen sind wir für dieses Mal fertig. Du hast den Weg gefunden. Aber das ist nur der Anfang. Für dich beginnt hier ein neues Leben. Wie ich dir schon am ersten Tag gesagt habe, wird dein Leben in Zukunft nicht unbedingt leichter werden. Aber im Gegensatz zu früher wirst du nun wissen, warum die Probleme entstehen, und du wirst das Werkzeug haben, um sie zu überwinden, wenn du das willst. Morgen werden wir zur Burg hochsteigen. Du wirst nicht mehr getestet werden. Du wirst nur sehen, was vor dir liegt. Der Schacht der Seele, die Pforte der Zeit und der Gral. Betrachte es als Krönung der Arbeit, die du bis jetzt geleistet hast."

Es war traurig, ihn und diesen Ort verlassen zu müssen. Niemals zuvor hatte ich so intensiv den Sinn des Lebens gespürt. Vielleicht, weil ich einen Menschen getroffen hatte, der wagte, es ernst zu nehmen. Er hatte das Bruchstückhafte und Körperliche in Einheit und Geist verwandelt. Leben war Bewegung. Ein Märchen. Er zeigte mir, dass es einen Weg, ein Ziel und eine Art, es zu erfüllen, gab. Er hob sein Glas:

„Lass uns auf die Nornen anstoßen. Ein Hoch auf Urd, Verdandi und Skuld. Sie sind hier deine Schutzengel gewesen. Und sie haben es gut gemacht."

Der Wind nahm zu und pfiff durch Türen und Ritzen. Im Rittersaal tanzten die Schatten einen letzten Tanz im Schein der flackernden Kerzen und des Feuers im Kamin. Es herrschte überirdischer Frieden.

Der Zug kam kurz vor neun in Madrid Chamartin an. Nikolai sah im grellen Sonnenlicht auf dem Bahnsteig noch blasser und kränker aus. Er schaute sich etwas verwirrt um, als ob er vergebens nach jemandem suchte, den er erwartet hatte, und zögerte, als wir uns verabschiedeten. Ich blieb stehen und beobachtete, wie er in der Menge verschwand. Später brauchte ich eine halbe Stunde, um die U-Bahn nach Atocha zu finden, von wo aus ich mit dem Zug nach Malaga weiterfahren sollte. Ich konnte schon die Düfte meines Spaniens riechen, dieses seltsamen, zusammengewürfelten Landes, in das ich immer wieder zurückkehrte, seit ich es vor fünfundzwanzig Jahren zum ersten Mal betreten hatte.

Frühstück im Atocha Renfe. Spiegelei und Toast. Lärm und Licht. Ein Gespräch mit einem jungen, italienischen Mädchen, die fragt, ob ich Geld für eine Tasse Kaffee entbehren könne. Sie ist auf dem Weg nach Sevilla, um ihr Glück als Tänzerin zu versuchen. Ein großes, oberflächliches Lächeln. Traurig und einsam. Sie sagt, dass Italien keine Zukunft sei. Sie ist entwurzelt und rastlos und viel zu jung, um schon ein existenzieller Flüchtling zu sein. Ich biete ihr Frühstück und moralische Unterstützung an.

Erkannten wir einander, weil wir beide Flüchtlinge waren? Welche Zukunft hoffte sie hier zu finden, die sie nicht anderswo finden könnte? Dann erinnerte ich mich an Itálica, etwas nördlich von Sevilla, die erste Stadt, die die Römer in Spanien angelegt hatten. Dort bauten sie das größte Amphitheater außerhalb Roms. Und dort erreichten die Gladiatorenkämpfe eine solche Grausamkeit, das Marcus Aurelius sie zuletzt verbot. *Die sterben werden grüßen dich!* So begrüßten die Gladiatoren den Kaiser und die Konsuln, bevor sie in den Kampf gingen. Sie winkte und lächelte tapfer, ehe sie in Richtung Sevilla verschwand. Um viertel nach zwölf begab ich mich auf die letzte Etappe der Reise.

Der Wind hatte sich gelegt und es hatte aufgehört zu regnen. Stattdessen hatte sich Nebel über das Tal gesenkt. Als wir durch das Gebüsch gingen, wurde die Gewissheit des natürlichen Zustands noch zusätzlich unterstrichen. Keine Besorgnis, keine Mühe. Auf der Wiese bat er mich, Prat allein entgegenzugehen. Sie wartete bereits. *Hier ist ein Quadrat. Geh in alle vier Ecken und gib jeder eine Qualität. Danach sammelst du sie als deine eigene Kraft in der Mitte. Aus der obersten rechten Ecke kamen sie, eine nach der anderen, und bewegten sich im Uhrzeigersinn. Fürsorge. Stärke. Mut. Mitgefühl. In einer einzigen Bewegung lösten sie sich auf und sammelten sich in einem einzigen Punkt. Stille!*

Wir gingen das erste, schwierige Stück Seite an Seite. Ich hatte meinen Stock geschultert und ging leichten Schrittes bergan. Wir bewegten uns langsam nach oben. Ich ging vorneweg. Am ersten Felsvorsprung drehte ich mich um. Obwohl ich mich allmählich daran gewöhnte, war ich trotzdem überrascht, dass er weg war. Ich sollte alleine hochgehen.

Die Luft war voller Orakel. *Ein Mann geht einen langen Weg entlang. Er hat sich verirrt. Er ist sehr froh, als er einen anderen Menschen trifft.* Die Nornen waren da. Die Visionen schwebten durch den Nebel, tauchten auf und verschwanden wieder. *Ein aufmunterndes Wort kostet nicht viel und der Preis für etwas Unterstützung braucht nicht hoch zu sein.* Mit leeren Händen ging ich durch die Leere und wurde erfüllt.

Sie waren überall, ließen die Bäume und Büsche lebendig werden. Jeder einzelne Stein auf dem Pfad wurde zu einem Stern im Universum. Ich kannte jede Krümmung und jeden Felsbrocken. Mein Atem war in Harmonie mit der Form des Berges. Punkt für Punkt, Absatz für Absatz bewegte ich mich unbeschwert nach oben.

Ich hatte alle bekannten Stellen passiert. Der Pfad wurde auf dem letzten Stück enger und ähnelte mehr und mehr einem Labyrinth. Als ich aus dem Gebüsch trat, konnte ich durch den Nebel einen flüchtigen Blick auf die Burg erhaschen. Der Seher wartete davor. So sollte es sein.

„Perfekt", sagte er. „Perfekt."

Sein Wort traf einen Ton in meinem Geist, hell und klar wie eine Glocke.

„Jetzt zeige ich dir den *Schacht der Seele*. Den Übergang zwischen Leben und Tod. Auf seinen Wänden wirst du eine Vielzahl von Bildern aus deinem eigenen Leben sehen. Hin und wieder wirst du dazwischen ein dunkles Feld erkennen. Wenn du eines Tages mit diesem Zustand vertraut sein wirst, kannst du hineingehen und das dunkle Feld durch ein Fenster ersetzen. Du kannst es dann öffnen und vergolden und hineingehen, tiefer und tiefer. Aber heute werde ich dir nur den Schacht zeigen, damit du ein Gefühl dafür bekommst, was das ist. Stell dich hierher."

Ich stellte mich vor ihn. Es dauerte nur einen Augenblick und war völlig undramatisch.

Ich stehe in einem unterirdischen Korridor mit undefinierbaren Wänden. Zahlreiche Bilder von Situationen, Personen und Orten erscheinen in einem einzigen, unbeschreibbaren Bild. Goldenes Licht strömt von oben herab. Es ist ohne Form. Alle Orte sind ein Ort. Alle Bilder sind ein Bild. Alle Personen sind eine Person. Ich rase durch den Schacht und komme mit einem Geräusch zur Welt, das klingt, als würde jemand einen Korken aus einer Flasche ziehen.

Die Nornen hatten Kekse und Wasser für uns bereitgestellt. Ich betrachtete die Burg. Sie war nicht besonders groß. Es schien völlig unmöglich, dass 205 Menschen hier längere Zeit gelebt haben sollten. Er erhob sich und rief mich zum Burgtor.

„Dies ist das Tor der Zeit. Stell dich hinein."

Ich tat, was er sagte.

Das Tor der Zeit: Die Burg von der Burg aus gesehen

„Dies ist die formlose Öffnung, in der alle Zeit zur Ewigkeit wird. Vergangenheit, Gegenwart und Zukunft sind eins. Es gibt keine Teilung. Alles *ist* im gleichen Moment. Wenn du annimmst, wirst du immer die Person sein, die du hast sein sollen!"

Der Ton vibrierte. Der Nachklang mischte sich mit der Stille und erklang endlos weiter. Er war wie ein Echo des einen Augenblicks, der alles enthält: *Du wurdest nicht von der Zeit gefangen; du selbst hast sie aufgelöst!*

Ich trat in den Burghof. Er war beinahe fünfeckig. Dort herrschte eine unwirkliche Stimmung, die von dem dichten Nebel noch unterstrichen wurde. Etwas zog mich in die Mitte des Burghofs. Ich stand mit dem Gesicht zum Turm, Richtung Norden. Auf meiner linken Seite war das Tor der Zeit, durch das ich gerade gegangen war. Ihm gegenüber, auf meiner rechten Seite, führte ein kleineres Tor nach Osten. Ich wollte sehen, was sich auf der anderen Seite verbarg, konnte mich aber nicht von der Stelle rühren. Eine unerklärliche Kraft hielt mich fest. Jeglicher Widerstand war unmöglich. Ich gab meine Gedanken frei und wurde still.

Während ich so dastand, kam eine verschleierte Frau durch das große Tor. Vornübergebeugt ging sie behutsam vorwärts, so als wolle sie nicht stören. Sie ging nahe an mir vorbei und sah aus ihrer unbeholfenen Haltung mit einem unbestimmbaren Lächeln zu mir hoch. Sie war ohne Alter. Sie grüßte stumm, ging leise weiter und verschwand durch das kleine Tor. Kurz darauf tauchte eine andere Frau aus dem Nebel auf und wiederholte die gleiche Pantomime, und danach folgte noch eine.

„Tritt näher!"

Es war der Seher. Ich machte einen Schritt nach vorn.

„Ich werde dir jetzt den Gral zeigen. Oder, genauer gesagt, seine grundlegende Gedankenform. Du wirst ihn

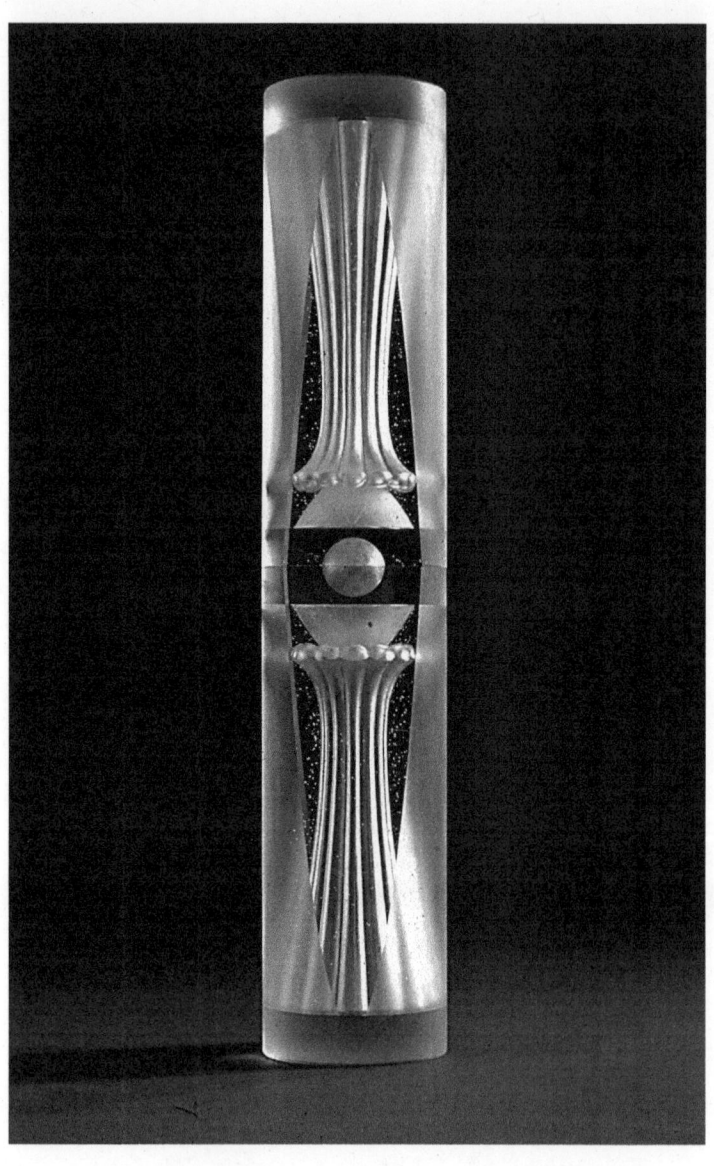

Der Gral in seiner grundlegenden Gedankenform,
wie Der Seher ihn sah

sehen und berühren können, aber es hängt von dir ab, ob du ihn in seiner wandelbaren Form siehst, die er in diesem Augenblick hat. Aber die Grundform ist immer dieselbe, und sie ist es, die du gleich sehen wirst. Es ist wahr, dass die Katharer ihn besaßen. Niemand konnte ihn ihnen wegnehmen, da er nicht als physisches Objekt existierte, sondern ausschließlich als reiner Geist. Als ein höheres Bewusstsein."

Er hielt beide Arme vor sich, als wolle er etwas aus der Erde hervorzaubern. Er führte meine Hand zu demselben Punkt in der Luft, an dem er gerade die unsichtbare Skulptur geformt hatte. Da waren keine Worte, nur eine Bestätigung. *Du kannst! Tu es!*

Während wir so dastanden, hörten wir plötzlich singende Frauenstimmen. In einer Ecke der Burg standen die drei Frauen von vorhin und hielten sich an den Händen. Nun tauchten weitere menschliche Gestalten aus dem Nebel auf. Eine kleine Gruppe von fünf Touristen in Regenmänteln und mit Kameras. Die Nornen winkten mich näher heran. Wir nahmen uns alle an an den Händen. Dann fingen wir an zu singen:

„O signore, fati me, un instrumentum, della tua pacem!"

Die Stimmen verschmolzen in einem Ton, der schon vor langer Zeit angeschlagen worden war. Ich erkannte die Worte aus Franz von Assisis Gebet. Der Seher stand mitten im Burghof. Um ihn herum war ein schwach fluoreszierendes Licht zu sehen. Als der Gesang verebbte, blieben wir schweigend stehen und lauschten dem Klang, der die Burg umgab. Was hatte uns hierher geführt? Als wir uns gegenseitig vorstellten, fiel es mir sofort auf. Eine Frau war aus Rumänien, eine aus Schweden und eine aus England. Ein Mann war Jude und aus den USA, der letzte war aus Italien. Sie alle arbeiteten in Brüssel. Ich sah den Seher an. Er stand im Nebel vor dem Tor der Zeit und lächelte unergründlich.

Am Abend fuhren wir nach Villeneuve D'Olme, um im „Le Castrum", das für sein Essen und seine Bedienung weit über Ariège hinaus bekannt war, zu Abend zu essen. Auch hier wurde der Seher wie ein König empfangen. Er und ich waren die einzigen Gäste. Wir bekamen einen fürstlich gedeckten Tisch mitten im Lokal. Hinter dem Seher stand eine junge, hübsche Kellnerin. Hinter mir stand ihr Zwillingsbruder. Der Oberkellner öffnete die Speisekarte, gab den beiden gleichzeitig ein Zeichen und wie aus dem Nichts schenkten sie den bestellten Wein ein. Die drei arbeiteten im gleichen Rhythmus. Es gab nicht eine überflüssige Bewegung, alles war absolut koordiniert und aufeinander abgestimmt. Sie errieten jeden unserer Wünsche und erfüllten ihn fast schon, ehe wir ihn selbst gedacht hatten.

„Ich komme sehr gerne hierher. Dieses Zeitgefühl und diese Präzision – ich kann nicht genug davon bekommen, sie zu beobachten."

Der Seher nickte der hübschen Frau anerkennend zu, als sie uns den ersten Gang servierte. Als sie sich vorbeugte, um den Wein einzuschenken, flüsterte er ein galantes Kompliment, das sie erröten ließ. Zu mir gewendet sagte er:

„Von jetzt an musst du üben, unsichtbar zu sein. Auf diese Art wirst du die letzten Traumata überwinden, die du hier nicht losgeworden bist. Meide, wenn möglich, die Öffentlichkeit. Schenke der Welt nicht zu viel Aufmerksamkeit, geh lieber in dein inneres Allerheiligstes und bereite dich dort vor. Du musst deine Präzision und dein Zeitgefühl schärfen. Lerne, in den kosmischen Strom des Daseins zu sinken. Konzentration ist nicht dasselbe wie Aufmerksamkeit. Konzentration trennt und schließt aus. Aufmerksamkeit sieht alles in Einheit, ohne jeglichen Widerstand oder Vorbehalt. Instinkt ist nicht dasselbe wie Intuition. Und Intuition ist nicht dasselbe wie *Intuition!* Wenn du nach Hause zurückkehrst, werden mit der

Zeit Dinge geschehen. Verzweifle nicht, wenn du erlebst, dass weltliche Möglichkeiten an dir vorübergehen. Denk an das alte Sprichwort, in dem es heißt, dass, wenn man in einer Felsenhöhle nur einen einzigen edlen und selbstlosen Gedanken denkt, dieser im ganzen Universum Vibrationen erzeugt und dadurch tut, was getan werden muss und kann!"

Er hob sein Glas. Es gab so viele Dinge, die ich ihn fragen wollte.

„Aber wie soll ich alles, was du mir gezeigt hast, einordnen? Wie soll ich es im Alltag anwenden?"

„Darüber brauchst du dir keine Sorgen zu machen. Alles wird sich zu einer höheren Verbindung zusammenfügen."

Wir stießen an. Es war Zeit für das Hauptgericht. Der Seher war in Topform. Der Flirt, den er mit der jungen Frau angefangen hatte, entwickelte sich zu einem Tanz mit den Augen, heimliche Bewegungen, ein wohlüberlegtes Wort und eine zufällige Berührung, die ganze Zeit an der Grenze zwischen Unschuld und Sinnlichkeit. Es war ergreifend zu sehen, wie virtuos er ihr auf diese Weise seine Anerkennung zeigte, ohne dass es jemals peinlich wurde. Im Gegenteil, es brachte den Augenblick wundervoll zur Geltung, hob ihn über das Zeitliche hinaus. Ihre Augen strahlten und ihre Bewegungen wurden immer anmutiger. Alles hatte eine neue Bedeutung bekommen. Alles war genauso, wie es sein sollte.

Plötzlich kam etwas durch die Luft geflogen. Ich bekam einen Schreck. Es geschah alles so schnell, in einer Bewegung. Über den Tisch hinweg und ohne ein Glas umzuwerfen. Es war der Seher. Bis heute weiß ich nicht, wie er es gemacht hat, aber plötzlich stand er neben mir und tippte mir mit dem Zeigefinger auf die Brust.

„Erlaube mir, dich daran zu erinnern, was ich dir beigebracht habe. Sei aufmerksam! Tanze! Auch wenn du still dasitzt. Sei gegenwärtig! Hier! Jetzt!"

Ehe ich mich besinnen konnte, saß er wieder auf seinem Platz. Hinter ihm musste die Frau sich anstrengen, keine Miene zu verziehen. Auf seine übliche elegante Art sagte er ein paar Worte zu ihr. Nun konnte sie sich nicht länger beherrschen und brach in unkontrolliertes Gelächter aus. Es setzte eine Lawine in Gang. In weniger als einer Sekunde fielen alle Formen guten Benehmens in sich zusammen und alles löste sich in Gelächter auf. Aber in der nächsten Sekunde war wie durch Zauberei alles wieder in Balance. Die Kellner verschwanden. Einen Augenblick später kamen sie wieder und richteten das Dessert an. Der Seher hob sein Glas:

„Komm in einem halben Jahr nach Andalusien. Dann nehmen wir die richtige Arbeit in Angriff!"

Am nächsten Morgen fuhr er mich nach Foix. Wir tranken in einer Bar am Markt einen Pastis und schwiegen. Vor dem Bahnhof gaben wir einander die Hand. Ich wollte etwas sagen, stotterte ein „Danke", konnte aber keine anderen Worte finden.

„Wir sehen uns in Spanien", sagte er.

Dann drehte er sich um und ging in Richtung Stadt davon, ohne sich umzusehen.

Als ich im Zug nach Hause saß und in meiner Tasche nach meinem Tagebuch suchte, fand ich einen Umschlag. Ich öffnete ihn. Drinnen lag ein großer Silberring. Etwas war darin eingraviert: „Crede Et Vicisti". Auf der Innenseite stand mein Name.

Zu Hause wurde mein Leben so beschwerlich, wie der Seher es angedeutet hatte. Nach einer Serie von Träumen, die darin ihren Höhepunkt fand, dass ich träumte, ich sei in einer Ritterburg und würde anerkennen, dass ich bin, wer ich bin, überreicht mir ein Kalif einen handgewebten Teppich. Er ist mit arabischen Schriftzeichen bestickt, die mir mitteilen, dass ich die Prüfung bestanden habe.

Nach diesem Traum fühlte ich mich von meiner alten Wirklichkeit entfremdet. Immer wieder musste ich mich selbst an die Inschrift im Ring erinnern: „Glaube und du wirst gewinnen." Anstatt der Welt näherzukommen, fühlte ich, dass der Abstand sich noch weiter vergrößert hatte. Ich befand mich wieder in einem Vakuum. Meine Finanzen waren immer noch eine Katastrophe. Alle nach außen gerichteten Anstrengungen, Arbeit zu finden, missglückten. Nur wenn ich in den Wald ging, wurde die Welt wieder ganz. Manchmal empfand ich die elementare Einfachheit so intensiv, dass ich den ganzen Tag dort blieb. Ich saß dann an einen Baumstamm gelehnt am Waldrand zum Strand hin, lauschte dem Meer und sah den Wolken zu, die langsam über den Himmel trieben. Auf diese Weise fing ich an zu begreifen, welche tiefen inneren Schichten der Seher in mir freigelegt hatte. Ich fing an zu verstehen, dass die Zeit der Bäume, des Meeres und der Wolken völlig in Harmonie mit dem Herzrhythmus und dem Atem ist und dem Zeitgefüge, in dem sich die Menschen normalerweise bewegen, entegegensteht. Ich konnte einfach sein. Aber konnte ich davon leben? Es kam mir vor wie ein unlösbares Paradox – bis zu dem Tag, an dem ich mich endlich an seine Worte erinnerte:

„Du wirst nicht davon leben. Du wirst es sein und darüber schreiben."

Das hatte er gesagt.

„Auf diese Weise wird alles gut werden. Das, was geschehen soll, wird geschehen!"

Als ich einige Wochen später einen dreitägigen Kurs über den schöpferischen Prozess für Komponisten und Songwriter leitete, erlebte ich zum ersten Mal, wie sich etwas von dem, was ich vom Montségur mitgebracht hatte, öffnete. Als ich am

Vorabend des letzten Tages in meinem Hotelzimmer saß und für jeden einzelnen Teilnehmer einen Kommentar schrieb, empfing ich plötzlich unerklärliche Bilder und schrieb sie sofort auf. Am nächsten Tag erklärte ich der Gruppe, dass ich mir nicht sicher sei, was diese Bilder zu bedeuten hätten, und bat darum, sie zu ignorieren, falls sie völlig unverständlich seien. Sollten sie jedoch einen Sinn ergeben, würde ich das natürlich ebenfalls gerne wissen. Es stellte sich heraus, dass einige der Bilder und Kommentare so genau waren, dass sie weit in den persönlichen Raum der jeweiligen Person eindrangen.

Die Inspiration durch die unsichtbare Gegenwärtigkeit des Sehers war unverkennbar. Ich spürte, dass er mir zeigen wollte, dass man ein lupenreiner Spiegel für andere wird, wenn man sich selbst und seine eigenen Wünsche beiseite lässt. Ich selbst erlebte, wie ich die Teilnehmer in einem klaren Licht sehen konnte, ohne jegliche Form von Urteil oder Bewertung. Lehrer oder Schüler, welchen Unterschied machte das schon?

Auch im täglichen Leben konnte ich diese Inspiration spüren. In den Monaten vor meinem fünfzigsten Geburtstag hatte ich Träume, die offensichtlich etwas mit meiner Vergangenheit zu tun hatten. Sie waren von solcher Intensität, dass sie mich noch Tage danach berührten. Am Anfang verstand ich nicht, was sie mir mitteilen wollten. Aber dann wachte ich eines Morgens auf, nachdem ich von einem Zusammentreffen mit dem Seher geträumt hatte.

„Erkenne deine Fehler!", sagte er mit seinem mir wohlvertrauten Lächeln.

„Ich dachte, das sei schon auf dem Montségur geschehen", wandte ich ein.

„Nun ja, anscheinend war das nicht genug."

Er sprach direkt zu meinem Gewissen. Da verstand ich, dass ich, genau wie auf dem Montségur, seine Aufforderung wortwörtlich verstehen musste. Aber wie lange sollte dieser Reinigungsprozess noch dauern?

„So lange, wie es nötig ist", hörte ich ihn sagen.

„Sei immer bereit, die Beweggründe des kleinen Ich zu entlarven. Es ist die einzige Möglichkeit, damit umzugehen."

In den folgenden Tagen durchsuchte ich meine Erinnerung nach allen noch nicht bedachten Episoden und Handlungen in meinem Leben, die bis jetzt ins Dunkel des Vergessens gehüllt waren. Ich schrieb alles in der Reihenfolge auf, in der es auftauchte. Seite für Seite füllte ich mit Situationen, in denen ich andere verletzt oder nur aus meinen eigenen, egoistischen Bedürfnissen heraus gehandelt hatte. Ich notierte alle meine Lügen, die kleinen und die großen, den kleinen „unschuldigen" Diebstahl vor vielen Jahren, die verletzende Bemerkung, die abweisende Haltung, die unwürdigen Manipulationen, die Frauen, alles. Es war erschütternd, wie viel sich noch immer in den Ecken und Winkeln meines Geistes finden ließ und was ich im Laufe der Zeit ignoriert oder mit einem Schulterzucken abgetan hatte. Jetzt musste ich mich jeder einzelnen Situation noch einmal stellen. Es war nicht nur peinlich, sondern ein unumgänglicher, nackter Schmerz.

Gleichzeitig fing ich an, meine Papiere aufzuräumen. Ein großer Teil der Korrespondenz eines ganzen Lebens, Notizen, Papierschnipsel, Fotos usw., verschwand in Pappkartons. Es war kein gewöhnliches Geburtstagsfest. Stattdessen machte ich ein Feuer im Garten. Genau um zwölf Uhr mittags ging meine schäbige und glorreiche Vergangenheit in Rauch auf.

„Bist du dir auch wirklich sicher?", fragte einer meiner Freunde, der zufällig vorbeigekommen war.

„Abgesehen von dem hier", antwortete ich, „bin ich mir bei nichts mehr sicher."

Am gleichen Tag erhielt ich einen Brief, adressiert an Gammel Kongevej 25, datiert vom 26. September 1905:

„Lieber ...

Nein, es tut mir leid, aber ich kann Ihnen den Dienst, weiter vorzulesen, nicht mehr anbieten. Denn der Vorhang ist gefallen – der Eiserne Vorhang. Es ist so traurig, nicht mehr helfen zu können. Aber es ist vorbei.

Viele ergebene Grüße
Herman Bang"

Bang war 48 als er den Brief schrieb. Ich las die Zeilen immer und immer wieder. Die bekannten, spinnenwebartigen Schriftzüge schwebten über dem vergilbten Papier und wurden lesbar.

Er sitzt am Fenster und betrachtet den Sankt-Joergens-See auf der anderen Seite der Straße. Wind kommt auf. Warum noch schreiben? Hier? Schwindelgefühl. Auf der Hand ein Sojafleck, der schwer wegzukriegen ist. Die Wahrheit? Der Schandfleck im Herzen kann nicht weggewischt werden. Reisen. Ja, reisen. Weg. Für immer. Nichts sein. Eine müde Fliege summt in den sonst stillen Räumen am Gammel Kongevej vor 99 Jahren.

Es war ein eiskalter Tag im Februar. Einer der Tage, an denen Kopenhagens Hauptbahnhof alles anderes als einladend wirkt. Ich manövrierte meinen Koffer die Treppe hoch, um dem beißenden Wind, der vom Bahnsteig her blies, zu entkommen, und übersah absichtlich die Bettler und Obdachlosen, die auf alten Zeitungen saßen und den Vorübereilenden ihre hellblauen Sammeldosen entgegenhielten. Mein eigenes Budget war äußerst angespannt und mir war schwindelig und

übel. Ich war ganz und gar nicht ich selbst. Hatte ich irgendetwas missverstanden, dass ich so sehr das Gleichgewicht
verlor? Und das gerade jetzt, wo ich vor der wahrscheinlich
wichtigsten Reise meines Lebens stand.

8

Die Schienen sangen, als der Zug mit hoher Geschwindigkeit in eine Kurve rauschte, um sich dann im Dunkel zu verlieren. Ich döste ein und erwachte einen Augenblick, als mein Kopf an die Scheibe stieß. Kurz darauf flimmerte die Nachmittagssonne ins Abteil. Wir hatten die Sierra de Almijara hinter uns gelassen und waren auf der letzten, ebenen Etappe vor Málaga. Eine zweitägige Reise ging ihrem Ende entgegen. Ich begab mich nun auf eine andere Reise. Ich schloss die Augen und sank in die schaukelnde Bewegung des Zuges. In die Sprache ohne Worte. In das schwarze Loch der Erinnerung. In den Patio de los Leones. In den Sänger, der sich vor dreizehn Jahren zum ersten Mal an die Säulen im Löwenhof in der Alhambra in Granada gelehnt hatte, um sich dort verewigen zu lassen, und der den Fotografen ohne Zögern in die Fürstenresidenz geführt hatte. In El Mexuar, den Empfangssaal, hinein, in den Myrthenhof und seinen geliebten Sala de los Embajadores. Was hatte mich damals veranlasst, nach Spanien zu reisen? Was war es, dass mich immer wieder veranlasste, hierher zurückzukehren? Mir kam es vor, als würde ich hinter alledem das flüchtige Abbild des Sehers und seines vertrauten Lächelns sehen – als Wasserzeichen auf dem Schleier, der langsam zur Seite glitt. Eine sterbende Biene auf einer Fensterbank. Eine summende Fliege in einer Wohnung am Gammel Kongevej. Die *Alte* Königsstraße[1]? *König von … was?* Einer Eintagsfliege auf dem Weg aus dem Showbizz? *Store* Kongensgade. Die Straße des Großen Königs. Alhambra und Montségur. Erinnerung. Offensichtlich war es kein Zufall, dass sich die Linien in Andalusien trafen, um sich in den unsichtbaren, roten Faden ihrer eigenen, inneren Geschichte zu verwandeln. Was war das für ein Manuskript? Wer hatte es geschrieben und wo war es versteckt?

Die dreidimensionale Pappmaché-Rekonstruktion von Picassos *Guernica* hing immer noch über dem Eingang zur Küstenbahn, genau wie beim letzten Mal, als ich hier war. Der Seher wartete an der Bar unter einer der unsichtbaren Uhren der Surrealisten am äußersten Ende der Bahnhofshalle.

„Na, hast du deine Eleganz wiedergefunden?", fragte er lächelnd, als wolle er damit andeuten, dass die Zeit hier keine Rolle spielte.

Ich sah ihn etwas verständnislos an und wollte gerade fragen, was er damit meine.

„Der Hauptbahnhof in Kopenhagen", fuhr er fort.

„Ach so", antwortete ich und stellte mich mit ausgebreiteten Armen auf ein Bein à la Edie Sedgewick.

Schwindelgefühl und Übelkeit hatte ich inzwischen vergessen. Der elektrische Impuls in meinem Rückgrat – das war also ein Gruß von ihm gewesen!

Sein Auto stand draußen. Auf der Autobahn, die den ziemlich passenden Beinamen „Straße des Todes" erhalten hatte, fuhren wir die Küste entlang. Ich konnte nicht anders,

---

1 „Gammel" ist Dänisch für „alt" und „Kongevej" steht für „Weg/Straße des Königs" (Anm. d. Red.)

immer wieder fragte ich mich, was ihn wohl veranlasst hatte, sich gerade hier niederzulassen, mitten in einem Touristensumpf aus Frittieröl-Dunst, Plastik und Betonslum. Ehe ich die Frage stellen konnte, antwortete er:

„Ich wohne in der Schweiz. Ich wohne in Italien. Ich wohne in Alpha Centauri. Omega Centauri. Welchen Unterschied macht das? Ich wohne überall und nirgends. Gerade jetzt wohne ich hier. Lass mich dir etwas erzählen. Vor Jahren traf ich einmal einen Mann, der zehn Jahre im Gefängnis gesessen hatte. Um nicht den Verstand zu verlieren, während er dort einsaß, fing er an zu studieren. Er las alles, was er in die Hände bekam, alle Philosophen, naturwissenschaftliche Werke, die alten religiösen Schriften, einfach alles. Ich glaube, er machte sogar einen Abschluss in Philosophie. Gleichzeitig führte er genauestens Buch über Tage, Wochen, Monate und Jahre. Er war überzeugt davon, dass sich die Welt verändert haben würde, wenn er wieder hinaus in die Gesellschaft käme. Als der Tag endlich kam und er in seinem eigenen Anzug ungeduldig durch das Gefängnistor ging, merkte er, dass das erwartete Gefühl der Freiheit ausblieb. Mehrere Wochen, in denen er viel feierte, änderten nichts daran. Er erkannte ganz einfach, dass seine Auffassung von Freiheit mit der Illusion verknüpft war, dass die „Freiheit" sich außerhalb der Gefängnismauern befand und das „Gefangensein" innerhalb. Er konnte gehen, wohin er wollte. Aber auf einer anderen Ebene war er immer noch gefangen, ein Sklave seiner eigenen Erwartungen und der anderer, von Vorurteilen, Vorstellungen, Gewohnheiten, Träumen und Begierden. Obwohl er zehn Jahre alle Arten des Wissens studiert hatte, änderte das nichts an der einfachen Tatsache, dass er sich nicht ein bisschen frei fühlte."

Er fuhr von der Autobahn ab.

Das Haus lag an einem Marktplatz in der Altstadt. Die Kirchenglocken läuteten zur Abendandacht. Die Sonne verschwand hinter den Häusern und die Gäste vor den Cafés zogen sich nach drinnen zurück. Ein Junge auf einem Moped ohne Schalldämpfer kreiste auf dem Marktplatz herum, mit einem Mädchen hintendrauf. Der einbeinige Lotterieverkäufer betrachtete sich im Wasser des Springbrunnens und fing an, seine Sachen zusammenzupacken, während die Autos auf der Hauptstraße im Abgasnebel ein Hupkonzert gaben. Eine hübsche, reife Doña in Schwarz grüßte den Seher, als wir über den Platz gingen. Die Balkone waren voll von leuchtenden Geranien. Er lüftete seinen weißen Strohhut. Eine schwache Brise in einem alten Feigenbaum. Der Eingang lag auf halber Strecke in der Don Quijote Gasse. Wir nahmen den Fahrstuhl in die vierte Etage. Die Wohnung bestand aus vier Zimmern. Sie war einfach möbliert und bot eine Aussicht über die Stadt und das Mittelmeer. Ich packte meine Sachen im Gästezimmer aus und bereitete das Tonbandgerät vor. Wir tranken Wasser und einen kleinen Pastis auf der Terrasse zum Marktplatz hin. Ben Webster war zu hören. Alles erschien tiefer und klarer konturiert. Es war ein Gefühl wie wieder zu Hause zu sein.

„Morgen fangen wir an. Wir werden in den kommenden Tagen viel zu tun haben. Wenn meine Telefonkonsultation um neun Uhr zu Ende ist, wirst du einen Einblick bekommen, wie ich arbeite und wie die Energien wirken. Nach dem Lunch kannst du alle Fragen stellen, die du für nötig hältst. Wie am Montségur werden wir alle Begrenzungen aufheben. Hast du den Sturzhelm dabei?"

Es war dunkel, als wir ausgingen, um etwas zu essen. Dicht an dicht säumten die Restaurants die Straßen. Drinnen gingen die Kellner ruhelos umher. Es war außerhalb der Saison. Trotzdem lag ein Anflug von ekelerregendem Sonnenöl und Touristenmenü in der Luft, der sich mit dem Duft von Mittelmeersalz und Wüstenwind mischte. Wir aßen chinesisch.

Genau um acht Uhr morgens rief der erste Klient an. Die Tür zum Arbeitszimmer des Sehers stand einen Spalt breit offen. Er hörte zu, sagte ein paar Worte, die ich nicht hören konnte, und legte den Hörer auf den Schreibtisch. Jetzt konnte ich die Stille sehen, die ich damals am anderen Ende der Leitung als weißes Rauschen vernommen hatte. Er hob seine Hand und ließ sie über etwas schweben; ich konnte nicht sehen, was es war. Er saß lange so da. Dann nahm er den Hörer wieder auf, sagte ein paar Worte und legte auf. Es wurde von nah und fern angerufen. Bald sprach er Englisch, bald Deutsch, Französisch oder Italienisch. So ging es eine Stunde lang. Jedes Mal, wenn er auflegte, klingelte das Telefon von Neuem. Ich ging leise in die Küche, um Tee und Toast zu machen. Er sah angespannt aus, als er aus dem Büro kam. Seine Gedanken waren woanders. Wir frühstückten stehend.

„Quält dich etwas?", fragte ich.

„Na ja, da ist ein italienischer Botschafter im Fernen Osten, der einen Schlaganfall hatte. Seine Frau rief an. Ich sagte, dass ich ihn nicht immer wieder auf diese Art reparieren könne. Vor vielen Jahren habe ich ihn zum ersten Mal gebeten, in Pension zu gehen, aber er wollte nichts davon hören. Jedes Mal, wenn er einen Anfall hat, ruft seine Frau mich an, weil es schneller geht, als den Rettungsdienst zu holen. Aber eines Tages werde auch ich ihm nicht mehr helfen können. Sein Leben hängt nur noch an einem seidenen Faden. Reißt er dieses Mal, gibt es kein Zurück mehr. Ich habe ihm schon eine Behandlung gegeben, aber er braucht noch eine."

Der Seher in seinem Arbeitszimmer

Ich folgte ihm ins Büro. Er fing sofort an, hob die Hand und ließ sie über dem Schreibtisch schweben.

„Was machst du da?", fragte ich.

„Ich visualisiere ein Bild von ihm und schicke ihm dann die relevanten Energien. Ich kann sehen, dass die eine Herzklappe nicht richtig funktioniert. Der Blutkreislauf ist auch nicht in Ordnung. Jetzt überprüfe ich die anderen Organe und sehe, dass auch mit der Verdauung etwas nicht stimmt. Er ist überhaupt völlig aus dem Gleichgewicht. Es sieht aus, als bedürfe es der ganzen Behandlung. Organe, Kreislauf, Chakras und Aura. Folge mir!"

Er gab mir ein Zeichen, dass ich still sein sollte. Auf dem Tisch vor ihm stand die Gral-Skulptur, in der sich das Licht brach. Ich saß da und konzentrierte mich darauf, seine Wirklichkeit zu erfassen. Er war nicht gegenwärtig. Er schaute in weite Ferne. Seine Augen sahen etwas, das niemand sonst sehen konnte. Die Galaxien bewegten sich durch unbekannte Universen. Ich saß mit geradem Rücken ganz still. Ich meinte, etwas sehen zu können wie winzige Lichter, die in der Luft glühten. Ich spürte elektrische Impulse. Ich schloss die Augen.

Durch eine dünne Hülle von grauem Licht schien am äußersten Rand etwas Bläuliches hindurch.

Ein flammenhafter Gedanke. Der Seher beugt sich über einen kräftigen Mann auf einer Liege. Er arbeitet hoch konzentriert und sehr entschieden. Der Mann atmet schwer. Das Licht ändert sich, es wird blau. Der Seher greift einen der leuchtenden Partikel in der Luft. Er leuchtet mit goldenem Glanz wie ein Stern. Er legt den Kristall dorthin, wo vorher das Herz lag, und schließt die Wunde.

„Îkhal!"

Fertig. Aktiviert. Die Wiederherstellung des ursprünglichen Zustandes. Er bläst in die Hände und streicht über den kranken Körper.

„Ephatha!" – In einem einzigen Augenblick öffnet er den Kreislauf, die Chakras und die Aura des Mannes. Dann flüstert er dem Schlafenden etwas zu. Eine lange Linie entfaltet sich und wird unendlich. Es ist ein ganzes Leben, dauert aber nur einen Augenblick.

„Fertig!"

Ich öffnete die Augen. Der Seher hatte sich erhoben.

„Konntest du folgen?"

Ich war immer noch erschüttert.

„Es fühlte sich an wie eine Ewigkeit und trotzdem wie ein einziger Augenblick."

„Ja, wir arbeiten mit mächtigen Energien."

Er sah jetzt entspannter aus und lächelte erleichtert.

„Unser Freund kann jetzt noch eine Runde drehen. Vielleicht ist es die letzte. Ich bin nicht sicher, ob es ein nächstes Mal geben wird. Und das habe ich seiner Frau gesagt. Es hängt ganz von ihm ab."

„Was hast du ihm zugeflüstert?"

„Ich habe nichts geflüstert. Wenn du das erlebt hast, beruht es darauf, dass du dich im übersinnlichen oder astralen Bereich bewegt hast. Da ich in diesem Fall nicht die Möglichkeit hatte, mit dem Klienten persönlich über die Möglichkeiten in seiner jetzigen Situation zu sprechen, teilte ich sie ihm direkt mit der eigentlichen Heilung mit. Hoffentlich zeigt sich das in einer Haltungsänderung oder in einer anderen Lebensweise. Aber manchmal sind Steine leichter zu bewegen als ein Mensch. Gegen diese Art von Trägheit kämpfen selbst die Götter vergeblich."

Er schien überrascht von dem Erlebnis, das ich gehabt hatte.

„Es ist gut, dass du etwas auf der übersinnlich-astralen Ebene sehen kannst, aber ich möchte, dass du klar siehst. Wäre das der Fall gewesen, hättest du das Inkarnationsbild des Klienten gesehen. Du hättest dann auch gesehen, dass sich die Ursachen für seinen jetzigen Zustand über einen längeren Zeitraum als nur dieses eine Leben verteilen. Außerdem hättest du sofort die Verbindung zwischen seinem kranken Herzen und dem Stern Rigel im Sternbild des Orion gesehen, und dann hättest du gewusst, dass du dort um Hilfe bitten musst. Du hättest die Verbindung zwischen Mikro- und Makrokosmos gesehen. Wenn es darum geht, physische Krankheiten zu behandeln, ist es von Vorteil, auf der ätherischen Ebene agieren zu können. Aber an sich ist auch das noch begrenzt. Die astrale Ebene hat die Tendenz, sich zu verflüchtigen, und ist ebenfalls begrenzt. Sowohl die astrale wie auch die mentale Ebene sind mehr oder weniger an die Persönlichkeit gebunden. Aber es gibt einen höheren Aspekt dieser drei Ebenen, ein universelles, schöpferisches Feld, das alle Begrenzungen aufhebt. Um klar zu sehen, ist es absolut notwendig, alles loslassen zu können, was mit der eigenen Persönlichkeit zu tun hat. In einem solchen Zustand gibt es keine Bilder im üblichen Sinn. Anstelle einer linearen, horizontalen Art zu sehen, handelt es sich eher um eine zirkuläre, vertikale und unmittelbare Aufmerksamkeit. Es ist ein langer Weg und du kannst genauso gut gleich richtig damit anfangen. Heute Abend werde ich dir eine einfache, aber effektive Übung zeigen, die du nutzen kannst. Ich werde dich jetzt zum Toloxberg mitnehmen. Später werden wir im Ort Tolox zu Mittag essen."

Tolox lag ungefähr fünfzig Kilometer entfernt in den Bergen. Lange fühlte es sich an, als ob wir durch eine virtuelle Wirklichkeit aus Pappkulissen fahren würden. Ein hastig erbauter Ferien-Komplex folgte auf den anderen, nur unterbrochen von genauso stereotypen und schnell angelegten Golfanlagen und Hotels. Erst weiter oben wurden die architektonischen Greuel von Zitrushainen und blühenden Mandelbäumen abgelöst. Die Serpentinen wurden enger und der Weg immer holpriger. Wir waren in 1.800 Metern Höhe und folgten dem letzten Stück Schotterweg, bis auch dieser aufhörte. Er parkte den Wagen und wir begannen, den Pfad hinaufzusteigen. Wie auf dem Montségur durchliefen wir die Initiationspunkte. Damit ich sie nicht vergessen würde, wie er sagte! Ich spürte, dass es hier um etwas anderes ging. Ein Stück weiter oben setzten wir uns. Ich packte das Tonbandgerät aus und wir begannen mit den Fragen des Tages. Als wir fertig waren, saßen wir lange still da und betrachteten die unendliche Aussicht.

Langsam begriff ich, dass dies eine der Qualitäten des Sehers war, die ich am meisten schätzte – ohne Worte, ohne Erwartungen und ohne jedes Urteil gegenwärtig zu sein. In solchen Augenblicken fühlte ich, dass er seine Gedanken und Visionen durch seine bloße Gegenwart mitteilen konnte. Aussicht wurde zu Einsicht. Es war eine undramatische Form der Übermittlung, die einen fast unmerklich und leise bewegte. In solchen Augenblicken fühlte ich, wie sich mein Körper vollständig entspannte. Jede Faser, jeder Muskel und jede einzelne Zelle fanden ihren rechten Platz. Aus dieser entspannten Haltung erwuchs eine empathische Wachsamkeit, die die Menschen und Dinge sah, wie sie waren, mit ihrem je eigenen Wert. Das hatte nichts mehr mit Akzeptanz zu tun, weil es nichts zu akzeptieren gab. Alles war, wie es war. Es war eine lange vergessene Sprache. Er zeigte mir, wie fast alle Kommunikation zwischen Menschen, das gesprochene und das geschriebene Wort, nichts anderes als der verzweifelte Versuch ist, eine illusorische Persönlichkeit und Identität aufrechtzuerhalten, gefärbt von Vorurteilen, Furcht und

Eitelkeit. Eine Sprache, in der es keinen Raum für das Zuhören gab, die nur um sich selbst kreiste, die ausschloss und nur durch ihr System von Angriff und Verteidigung lebte, war seiner Meinung nach eine arme und unmenschliche Sprache. Obwohl die Benutzer dieser Sprache in der Regel schlagfertig waren und ohne Unterlass reden und schreiben konnten, waren sie in Wirklichkeit nur gut darin, endlos Begrenzungen zu formulieren und aufrechtzuerhalten. Dieses Aufrechterhalten der Begrenzungen war eine der wesentlichen Ursachen dafür, dass der große Paradigmenwechsel, auf den alle warteten, ausblieb. Er urteilte nicht. Er sah nur hin und arbeitete jeden Tag daran, die Begrenzungen aufzulösen, wo immer er sie antraf. Erst wenn sich jeglicher geistige Lärm verflüchtigt hätte, wäre es möglich, die Übertragung der Stille als eine verwandelnde Kommunikationsform zwischen Menschen zu praktizieren. Es war nicht möglich, mit nur eingeschränkter Aufmerksamkeit in diesen Zustand einzutreten. Der Weg zur transpersonellen Ebene mochte beschwerlich erscheinen, weil er eine Verpflichtung enthielt, die den ganzen Menschen umfasste. Es war nicht genug, ein bisschen schwanger zu sein. Entweder war man es oder man war es nicht. Und der paradoxe Unterschied zwischen dem einen und dem anderen war die schlichte Tatsache, dass sich der Schlafende entschied, die Augen zu öffnen, aufzuwachen und sich seines wachen Zustandes bewusst zu werden. Die Tatsache, dass eine scheinbar so einfache Entscheidung so schwer erschien, beruhte darauf, dass sie von uns verlangte, fast alles aufzugeben, was wir bisher gelernt und erreicht und was wir fälschlicherweise als wahre Erkenntnis verstanden hatten.

Alle diese Betrachtungen breitete er oben auf dem Berg vor mir aus. In einem einzigen Gedanken, ohne Worte, ohne Urteil.

Auf dem Weg zurück zum Auto blieb er plötzlich stehen. „Spürst du das?"

Ich blieb wie angewurzelt stehen. Er zeigte auf die Schatten vor uns und dann in die Ferne. Die Sonne stand schräg hinter uns. Ich sah zum Horizont und dann den Berg hinab. Jetzt konnte ich es sehen. Die Schatten bewegten sich. Der Berg bewegte sich. Die Erde bewegte sich. Und wir standen darauf. Es war ein überwältigendes Erlebnis. Für einen kurzen Augenblick spürte ich, dass wir auf einem Himmelskörper standen, der sich majestätisch vorwärtsbewegte, rund um eine Sonne in einer Galaxie im Weltall. Die Stille. Die Wolken. Das Gras. Der Schatten. Der Puls. Der Atem. Verbundenheit. Schwerkraft. Das Flüstern des Weltalls im Wind.

„Es ist ziemlich bewegend, nicht wahr?", sagte er mit einem Lächeln.

Wir fuhren runter nach Tolox und hielten im örtlichen Weinlokal Siesta. Nach dem Mittagessen setzten wir unsere Arbeit mit Frage und Antwort fort. Dann sprachen wir über die Kunst und die Rolle des Künstlers:

„Wenn Künstler etwas vom Universum empfangen, können sie es in etwas Schönes verwandeln. Nicht schön im üblichen Sinn, sondern schön in einem universellen Sinn, so dass sich die Kraft durch das Werk ausdrückt. Aber die meisten verfallen dem Egoismus. Daher spielt die Kunst nicht die Rolle, die ihr zugedacht war. Künstler sind in den meisten Fällen kleine Kinder, die spielen möchten, ohne das Ausmaß der Kräfte zu begreifen, mit denen sie sich beschäftigen. Und je mehr man die Kunst personifiziert, desto weniger ist sie noch Kunst. Dann sind die Künstler nicht länger das Sprachrohr des Universums. Die Gaben, die sie bekommen haben, erhielten sie nicht um ihrer selbst willen. Ein guter Schriftsteller, Dichter, Maler, Musiker, Filmemacher, Sänger oder Tänzer ist ein Übersetzer der universellen Sprache, der beeinflussbaren Sprache, der Wörter, Bilder und der Musik, die bewegen. Es ist nicht *ihre* Inspiration, keine Gabe an ihre Persönlichkeit, sondern etwas, dem sie verpflichtet sind; sie sollen es verwandeln und weitergeben. Dann wird es schön. Der Seher sieht – und bewegt. Der Maler malt aus dem Universellen heraus, nicht aus sich selbst und nicht für sich selbst oder des Geldes wegen. Leonardo da Vinci war beeindruckend. Er verstand, die Dinge in dem Geist umzusetzen, in dem er sie empfing. Er war das Sprachrohr der Visionen. Es war eine Art Hellsichtigkeit. Er wusste, dass es seine Aufgabe war, einen prophetischen Sinn zu entwickeln."

Es war deutlich, dass er das betonen wollte.

„Es gibt keine wahre Kunst außer der Fähigkeit, auf besonders empfindsame Weise sehen und zuhören zu können. Für den kosmischen Impuls offen zu sein. Ein Künstler muss bereit sein, sein Bewusstsein und seine Intuition zu schärfen, um sowohl das Menschliche als auch das Kosmische selbst im Unbedeutendsten, im Banalen, im Oberflächlichen und Mittelmäßigen zu sehen und zu befreien. Er darf nie so weit hinabsinken, dass er nur noch reproduziert. Die Aufgabe des Künstlers ist es, zu verwandeln. Leider sind nur wenige dazu bereit, auf ihre persönlichen Ambitionen, ihren Egoismus und all die Strategien zu verzichten, die der höheren Erkenntnis immer im Wege stehen."

Es war dunkel, ehe wir wieder in die Wohnung zurückkehrten.

Er stellte eine brennende Kerze vor mich hin.

„Mit dieser Übung kehren wir zum Anfang zurück. Es geht ausschließlich um Konzentration. Um nichts anderes. Setze dich vor die Kerze. Entspanne dich und konzentriere dich auf deine Atmung. Erzwinge nichts. Konzentriere dich auf jede Phase des Einatmens und des Ausatmens, auf die kurze Pause auf dem Weg des Atems zwischen Innen und Außen. Fühle deine Verbundenheit mit der Welt, dem Universum. Fühle die Energien, die durch deinen Atem strömen und dich mit der Luft und der Atmosphäre, dem Universum und dem Kosmos verbinden. Betrachte jetzt die Flamme und konzentriere dich auf den Docht, dann auf das sichtbare Licht und schließlich auf die Aura der Wärme, die die Flamme ausstrahlt. Schließe nun die Augen und visualisiere diese drei Dimensionen des Lichts vor deinem inneren Auge. Nimm die Flamme in dich hinein und lass sie deinen allerinnersten Raum erleuchten. Fühle, wie du mit ihr verschmilzt. Ihr seid eins. Die Flamme ist du und du bist sie. Sieh, wie zart sie ist. Der kleinste Lufthauch kann sie zum Erlöschen bringen. Und doch darf sie nicht verdeckt werden. Später, wenn du diese Übung beherrschst, kannst du sie erweitern und dich sozusagen zum Anfang bewegen."

Er führte die Hände zusammen und öffnete sie, so dass sie den Flügeln eines Schmetterlings glichen.

„Bei dieser Übung sollst du gleichzeitig die Flamme und das Bewusstsein, das sie betrachtet, beobachten."

Ich schlief ein mit tausend Flammen, die vor meinen Augen tanzten. Später, im Traum, wurden sie alle zu einer.

9

„Stell deine Frage durch alle Universen!"

Die Stimme kam aus dem Inneren der Flamme. In ihr war ein Gesicht. Ein griechischer Philosoph. Das Gesicht veränderte sich und bekam römische Züge. Der Docht des Lichtes verschwand. Dann war nur noch die Flamme da. Sie hatte eine goldene, klare Aura mit einem kühlen, blauen Zentrum. Sie stand in der Luft und brannte hell und klar. Eine neues Gesicht tauchte auf. Es war der Seher.

„Jetzt bist du gegenwärtig", sagte die Stimme.

Dann erwachte ich.

Ich stand auf und bereitete mich auf die Arbeit des Tages vor, die mit einer Stunde der Stille begann. Der Seher saß schon in seinem Konsultationsraum. Seine Augen waren nur halb geöffnet. Sie sahen nichts. Sie sahen alles. Draußen braute sich ein Sturm zusammen. Auf einem Balkon gegenüber war ein Sonnenschirm umgefallen und der Wind drohte, ihn über die Brüstung zu wehen. Ich setzte mich ins Wohnzimmer und versuchte, in die Stille hineinzufinden, wurde aber immer wieder vom Lärm gestört, der vom Marktplatz nach oben drang. Dann fiel mein Blick auf eines der

Bilder an der Wand. Es war ein alter Stich, der Mark Aurel darstellte. Daneben hing ein kleines Gemälde. Es zeigte das Innere eines nur spärlich erleuchteten Raumes. In der einen Ecke des Zimmers ließ sich undeutlich eine Person erkennen. Eine unbestimmte Ahnung veranlasste mich aufzustehen, um das Bild näher zu betrachten. Als ich davorstand, sah ich, dass es das Innere eines maurischen Gebäudes zeigte. Die geschlossenen Rundbogenfenster waren von einem Fries aus Kacheln umgeben, die mit geflochtenen Bändern aus zwölf-zackigen Sternen dekoriert waren. Zwischen ihnen war eine Tür, darüber befanden sich kalligrafisch geschmückte Zier-bänder. Die Person in der Ecke schien eine Frau zu sein. Sie trug traditionelle Kleidung und einen Schleier. Erinnerung.

Genau um acht Uhr rief der erste Patient an. Sobald ein Gespräch beendet war, klingelte das Telefon von Neuem. Ich räumte die Küche auf und machte Frühstück, damit es fertig war, wenn der Seher die Konsultationen des Tages beendet hatte. Er war voller Energie, als er sich mit einer Tasse Kaffee in der Hand auf den Küchentisch setzte.

„Heute werde ich dir vom Heilen erzählen. Wenn ich davon spreche, dass man bereit sein muss, sich ins Univer-sum zu begeben, um Antworten zu finden, dann musst du verstehen, dass der Mensch selbst ein Teil des Universums ist. Wenn du dich den kosmischen Energien öffnest, dann hast du mit einer Art zweifacher Aufmerksamkeit zu tun. Sie ist sowohl nach außen als auch nach innen gerichtet. Die Dinge sind miteinander verbunden. So wie es außen ist, ist es auch innen. Physisch, geistig und spirituell. Wenn du im Einklang mit den universellen Gesetzen bist, erfüllst du deine Bestim-mung. Es ist eine alles umfassende Ebene, auf der man nicht von einem äußeren Raum sprechen kann, ohne auch den inneren Raum einzubeziehen, also das, was jenseits des Men-schen liegt. Wenn ich heile, gebe ich dem entsprechenden

Menschen seine Freiheit wieder. So sieht die Sache in aller Einfachheit aus. Ich versuche, die Vorstellung von Macht aus einem Menschen zu entfernen, all die dort geltenden Erfolgskriterien und all das, was einen Menschen verkrüppelt. Dadurch kann ich – vielleicht – auch die Krankheiten des Körpers und des Geistes entfernen. Aber ich muss mich bewegen, um andere bewegen zu können. Ich muss in der Lage sein, die Zusammenhänge und die tiefere Bedeutung zu sehen. Stell die Frage: ‚Was kann ich tun?' Auf diese Weise stellst du dich zur Verfügung. Unbegrenzt. Das ist die einzig wahre Art, gegenwärtig zu sein. Das ist die Voraussetzung dafür, sehen zu können. Wenn du der allem zugrundeliegenden Wirklichkeit den Rücken zukehrst, dann wendest du dich von deinen besten Qualitäten ab. Wenn ich sehe, kann ich bewegen – dann habe ich eine Verantwortung. Wenn ich nicht sehe, bin ich verantwortungslos. Wir können den Sternen und den Galaxien jede Frage stellen und sie werden sie beantworten.

Es ist traurig, wenn wir dieses Potential nicht nutzen. Es ist so grundlegend, so einfach, dass die meisten Menschen nicht wissen, wovon ich rede. Aber wenn sie wüssten, wenn sie nur wüssten, wie die Dinge zusammenhängen und wieviel Einfluss sie auf ihr eigenes Schicksal haben. Denk nach – komm schon!"

Langsam kroch das Licht über die Wand hinter ihm. Die Geräusche von draußen wurden leiser und verschwanden zwischen den Worten.

„Vielleicht ist es so, dass man sich als praktizierender Buddhist eine Weile vom Buddhismus abwenden muss, um die wahre Erkenntnis zu erreichen. Vielleicht muss man als Christ bereit sein, das Christentum hinter sich zu lassen, um sich, frei von jedem Dogma, mit der Christusenergie zu vereinigen. Vielleicht muss der Suchende innerhalb von Islam

Das isogyne Wesen

und Judentum die Religion außer Acht lassen, um die wahre Kraft hinter Allah und Jahwe zu erkennen. Ja, vielleicht müssen wir bereit sein, jegliche fundamentalistische Vorstellung von Gott und dem Göttlichen abzulehnen, um in der Lage zu sein, die grundlegende Energie so rein wie möglich zu erkennen."

Sein ganzes Wesen strahlte Offenheit und Mitgefühl aus.

„Stell dir vor, es gäbe keine Macht mehr. Keine Begrenzungen. Du hast alle Gedankenformen in dir, jedes Element, alles. Du bist kein statischer Organismus. Die Voraussetzung für die Fähigkeit zu sehen ist, dass du dich auf nichts festlegst. Dass du verstehst, dass alles beweglich ist. Es gibt keine endgültigen Antworten. Es gibt zwei Arten zu leben – bewusst oder unbewusst. Die meisten Menschen leben auf einer unbewussten Ebene. Festgefahrene Roboter, lebendige Tote, die vielleicht in der Lage sind, eine Karriere zu pflegen und eine Familie zu versorgen, die aber im Grunde mit Zombies ohne Wahlmöglichkeiten verglichen werden können. Bewusst gegenwärtig zu sein bedeutet, die Augen zu öffnen und zu sehen. Von dem Augenblick an, in dem du deine Aufmerksamkeit auf die richtige Stelle richtest, werden die Energien bei dir sein. Sie brauchen dich. Sie brauchen deine Gedankenformen. Du wirst zu einem bewussten Diener. Du sagst: ‚Ich bin gegenwärtig und ich stelle mich zur Verfügung.' Das ist der erste Schritt auf dem Weg zur Heilung. So kommunizierst du mit dem Universum. Reine Gedankenformen. Verstehst du das?"

Er hob seine Hand und zeichnete eine liegende Acht in der Luft. Dann zeichnete er mit einem Finger ununterbrochen einen Kreis, bis ein leuchtendes, elektrisches Feld entstand. Es war atemberaubend. Es bewegte sich.

„Siehst du. Die Reaktion. Die Bilder. Glaubst du, dass all das aus dem Nichts entsteht? Das Universum braucht einen Zugang zu den Menschen, und das ist es, was Fragen sind – ein Zugang. An ihnen wirst du erkannt. Es ist eine Art kosmisches, genetisches Material. Es ist völlig unkompliziert. Sieh hin – kannst du es sehen?"

Er zog eine Linie pulsierenden Lichts durch die Luft.

"Bewegung, Bewegung, Bewegung. Sieh, wie einfach es ist, wie schön es wird."

Es war völlig unglaublich. Ich konnte dieselbe Leichtigkeit spüren, die ich auf dem Montségur erlebt hatte, und ich verstand, dass es auf diese Weise möglich war, die Schwerkraft aufzuheben.

"Alles ist so einfach. Die Sterne, die Galaxien. Sie bestehen aus denselben Mineralien wie wir, aus denselben Grundstoffen. Sie sind unsere Familie. Frage sie nach allem. Aber nicht: ‚Hilf mir, hilf mir!' Das ist die Befehlsform, das funktioniert nicht. Sieh das Schöne darin, den umgekehrten Weg zu gehen. Sag: ‚Hier bin ich. Ich stelle mich zur Verfügung.' Dann geschehen die Dinge. Das ist Freiheit. Das ist kein Hokuspokus. Als Seher und Heiler sagst du nicht, dass es so und so aussieht oder so und so ist. Du bietest eine Alternative an. Die Möglichkeit der Freiheit. Wenn ich jemanden fernbehandle, aktiviere oder befreie ich bloß die eigene, in Vergessenheit geratene Vorstellung des Patienten, wie es ist, gesund zu sein. Ich helfe vielen Leuten dabei, eine Entscheidung zu treffen, die sie nicht für sich selbst treffen können. Ich aktiviere die Möglichkeiten. In dieser Verbindung sind Entfernungen gleichgültig. Es bedarf der Eleganz. Es ist eine Verantwortung, die ich übernehme. Es ist meine Aufgabe, die verlorene Harmonie zwischen einem kranken Organ und dem Universum wiederherzustellen. Ein verschlossener Mensch ist für niemanden gut, auch nicht für das Universum. Ich versuche, Gedankengänge, Karma und Lebensziel zu verändern. In dem Augenblick muss ich mich selbst auflösen, meine Person, alles. Ich bin ein Reisender, ein Botschafter der Stille. Ich frage mich durch achtundvierzig Universen und erhalte die Antworten. So geschieht es während meiner Konsultationen seit fünfunddreißig Jahren."

„Warum werden wir krank?"

„Durch eine Anhäufung nicht aufgelöster Gedankenformen. Nicht nur in einem Leben, sondern über mehrere Inkarnationen hinweg. Es ist nicht unbedingt der einzelne schlechte Gedanke an sich, sondern die Summe aller schlechten Gedanken der entsprechenden Person, die den Zusammenbruch verursachen. Es ist ja auch nicht die einzelne Scheibe Salami mit Nitrit, die den Menschen umbringt, sondern die Summe aller nitrithaltigen Lebensmittel, die letztlich dazu führt, dass ein Mensch krank wird. Einseitigkeit und Festgefahrensein verursachen Krankheiten."

Das Telefon klingelte. Der Seher ging ins Büro, um zu antworten. Eine halbe Stunde später kam er zurück.

„Es war eine Frau aus Deutschland. Ihr Mann ist gestern gestorben. Sie möchte, dass ich ihn auf die andere Seite begleite. Das kann ich erst morgen tun, da möglichst drei Tage vergehen sollten, damit sich die höheren Wesensglieder ganz befreien können. Es ist eine Reise, die Vorbereitung braucht."

„Wie ist diese Reise?"

„Schön. Der Tod ist kein Tod, sondern die Befreiung von allem, was man in seinem Leben gedacht hat. So ist der Tod."

„Als ich dir gestern zugesehen habe, wie du den italienischen Botschafter fernbehandelt hast, da hast du Lichtkristalle aus dem Universum geholt, was ist da geschehen?"

„Die Universen enthalten Bestandteile der Krankheiten, denen Menschen während des irdischen Verfeinerungsprozesses ausgesetzt sind; darum kann man dort draußen ein Spiegelbild des Menschen sehen. Auf seiner Reise durch die

Inkarnationen auf dem Erdenplan muss der Mensch eine Reihe von Leiden durchmachen, etwa wie eine Art kosmischer Kinderkrankheiten. Eine Art Reinigung. Wie gesagt, ich versuche, die schlummernden Fähigkeiten des Klienten wiederzuerwecken. Ich benutze die Gedankenformen oder Energien des Universums, wenn du so willst. Ich bewege mich in die Schöpfung hinein. Es ist eine sehr schöne Energieform, die sich die ganze Zeit bewegt. In diesem Fall die Schöpfung im Gürtel des Orion. Die Schöpfung benutzt Neutrinos, die winzige Energiemengen tragen und die merkwürdige Eigenschaft haben, dass sie den ganzen Körper, den ganzen Planeten durchdringen können, auf der anderen Seite wieder zum Vorschein kommen und immer noch die gleiche Energiemenge haben. Sie sind die Träger der Schöpfungsenergie. Weil sie Gedankenformen sind, ist es möglich, sie anzuhalten. Wenn Meditation eine Art Entspannung ist, ist dies eher ein Prozess der Bewusstwerdung. Du entleerst dich nicht, um leer zu bleiben, sondern um mit der Kraft gefüllt zu werden. Die Schöpfung, von der ich spreche, geschieht jeden Tag. Sie ist als Möglichkeit jeden Tag gegenwärtig. Das ist das Schöne an ihr. Danach kommt der Erbauer. Der eigentliche Gedanke, der alle Gedanken enthält. Ihn tragen wir in uns. Und schließlich tritt der Ausführende in Kraft."

„Das klingt wie Vater, Sohn und Heiliger Geist."

Er nickte.

„Der Ausführende oder der Heilige Geist, der bewusste, kosmische Atem ist eine Möglichkeit, die immer und überall gegenwärtig ist, wo es lebende Wesen gibt. Aber er funktioniert erst, wenn er aktiviert wird. Er ist es, der bei Fernheilung in Kraft tritt. Alle Menschen enthalten diese Qualität und sind von ihr umgeben. Sie existiert außerhalb von Raum und Zeit. Und doch ist sie überall gegenwärtig. Man muss nur bereit sein, sie zu empfangen. Das ist es, was ich tue.

Ich wecke die Leute auf und aktiviere sie. Das ist kein Problem. Aber wir müssen uns immer im Klaren darüber sein, dass die Ethik diesem Prozess vorausgeht. Der unbegrenzte Mensch trägt eine krystallisierte und reine Ethik in sich, die beweglich ist, in dem Sinne, dass sie stärker wird, je mehr mentale Begrenzungen überwunden werden. Sie tritt nicht unbedingt automatisch in Kraft, aber sie wird zu einer deutlichen Option. Als Forderung nach einer Alternative. Eine Voraussetzung hierfür ist, dass du jegliche Vorstellung von Macht fallen lässt. Das ist auch die Voraussetzung für das Unbegrenzte. Es ist sehr wichtig, das zu verstehen. Denn es gilt unter allen Umständen, großen wie kleinen. Und der, der die Macht hat, ist immer begrenzter als derjenige, der der Macht unterworfen ist. Weil derjenige, der andere kontrollieren will, letzten Endes immer die Macht über sich selbst verliert. Es kann sogar als Bedrohung empfunden werden, seine mentalen Begrenzungen aufgeben zu müssen, weil sie so starr und zur Gewohnheit geworden sind. Man braucht Mut. Wir tragen das Ethische immer mit uns und im Grunde wissen wir alle, was richtig oder falsch ist. Das, was grundlegend ist – damit meine ich unser Verhalten –, befindet sich noch darunter. Es ist ein Teil des Wesenskerns. Wenn diese Ethik aufgegeben wird, wenn wir uns von ihr abwenden, ist das ein Fehler. Daraus entstehen Krankheiten. Krankheiten sind so gesehen ein Fehler. Aber ein Fehler kann korrigiert werden."

Ich konnte seine Energie unmittelbar spüren. Wieder erlebte ich, wie sie eine entspannende Wirkung hatte, wie jedes Atom in meinem Körper seinen Platz fand.

„Um zu lernen, Fehler zu korrigieren, musst du üben, so rein und geradlinig wie möglich zu kommunizieren. Die Aufzeichnungen und Antworten, die du erhältst, mögen vielleicht nicht immer so sein, wie du es erwartest, aber du musst daran denken, dass die reine Energie neutral ist. Sie ist weder gut noch böse. Solche Begriffe existieren nicht in diesem Zusammenhang. Die gewöhnliche Auffassung des Begriffes ‚neutral' deckt sich nicht mit der Vorstellung, von der ich hier spreche. Die universelle Neutralität ist eine aktiv wirkende Energie, sie ist jedoch nicht an emotional aufgeladene Begriffe gebunden. Sie ist weder sentimental noch religiös. Jeder Mensch trägt seine eigenen Aufzeichnungen in sich. Deine Fragen befinden sich im Mikrokosmos. Deine Antworten liegen im Makrokosmos. Antworten und Fragen. Du befindest dich irgendwo dazwischen, in der Mitte des Übergangs vom einen zum anderen, am Gleichgewichtspunkt zwischen Einatmen und Ausatmen, Ausdehnung und Zusammenziehen. Da ist das ‚Du', hier und jetzt. Und jetzt. Und jetzt. Siehst du es? Es ist ewige Bewegung."

Die Lichtpartikel tanzten buchstäblich um ihn herum. Dann schnippste er mit den Fingern und sie verschwanden genauso schnell, wie sie gekommen waren.

„Genauso wie es eine physische Genetik gibt, gibt es auch eine kosmische Genetik. Je höher du kommst, desto empfindsamer wird sie. Glaube nicht, dass die Schöpfung nicht empfindsam sei. Sie ist es. Sowohl auf kosmischer als auch auf intellektueller Ebene. Alle großen Energien sind verletzlich. Das ist es, was sie groß macht. Es kann ziemlich beängstigend sein, wenn man es sieht. Genauso ist es mit dem Menschen. Der Mensch muss seine Kraft in seiner Verletzlichkeit finden, in dem er seine Verletzlichkeit anerkennt und nicht, indem er sie als Verteidigung nach außen projiziert. Auf diese Weise kann der Mensch Mauern niederreißen, locker und empfindsam werden, die Vibrationsgeschwindigkeit erhöhen und ein kosmisches Wesen werden."

Er war wie eine uralte Lotusblüte. Ganz langsam sah ich, wie sie sich entfaltete. Majestätisch und voller Poesie ließ er seine Verletzlichkeit in goldenem Licht erscheinen, und ich sah, dass dies ein spontaner Augenblick war, aus dem echte Freude entsteht. Er öffnete seine Hände in einer einladenden Gebärde:

„Dies ist die Freude. Ein vollständiges Erlebnis des Seins, ein vollständiges Erlebnis des JETZT! Wie du siehst, ist es überhaupt nicht mit einem Lottogewinn oder dem Kauf eines neuen Autos zu vergleichen. Dies hier ist etwas ganz anderes. Es ist wichtig, den Unterschied zu verstehen. Hier findest du die Antwort auf alle Krankheiten und für jede Heilung. Freude ist ein tiefer und allumfassender Zustand, der entsteht, wenn wir unser ganzes Wesen anerkennen. Erkenntnis bringt Gewissheit. Und Gewissheit ist zu wissen, dass wir mit dem Universum verbunden sind. Und das Universum ist JETZT und JETZT ist Freude. Freude ist Heilung."

Es ist unmöglich, die Gefühle zu beschreiben, die durch mich hindurchströmten. Es war eine ganz neue, freie Energie, eine stille, funkelnde Kraft von ungeahnten Dimensionen, vielleicht die Art Schöpfung, von der er gerade gesprochen hatte. Sie füllte meinen Atem und erneuerte sich jedes Mal selbst, wenn ich Atem holte. Ich fing an zu verstehen, dass alles, was er mir auf dem Montségur gezeigt hatte, nur eine notwendige Einführung gewesen war, ein therapeutisches Erfordernis für weitaus höhere Bewusstseinsebenen. Jetzt begann der entscheidende Einstieg in die verborgene Wirklichkeit. Jetzt fing ich an, das Feuer unter mir zu spüren, von dem er gesprochen hatte, und ich begriff, dass ich nicht mehr weglaufen durfte – und wenn es nur aus dem Grund war, dass ich mich nicht länger verstecken konnte. Ich erkannte, dass es keinen Grund gab, Angst zu haben, dass das, was von den Flammen verzehrt werden würde, nur der letzte Rest von dem war, was mich in alten, abgenutzten Mustern gefangen gehalten hatte. Ich hatte Flucht mit Bewegung verwechselt. Er schaute lange in die Luft. Dann sagte er:

„In all deinen Inkarnationen bist du unter bestimmten Bedingungen gegenwärtig gewesen. Du hast dir nie gewünscht, hier zu sein. Du warst hier, ohne gegenwärtig zu sein. Du sahst einen Berg und du stiegst hinauf. Und als du oben standest und sahst, dass es ein künstlicher Berg war, sagtest du: ‚War das wirklich alles? Hier gibt es nichts für mich!‘ Seitdem ist alles für dich eine Sache des Verlernens gewesen. Du hast kaum noch Geld. Du willst nicht mehr singen. Du willst nicht hier sein. Du hast alles aufgegeben und dich immer weiter von der Welt zurückgezogen. In Wirklichkeit befindest du dich in dem sogenannten *kleinen Tod*, der nicht wirklich der Tod ist, aber du lebst nicht. Ich kenne dein ganzes Studium, alle deine Bücher. Dies alles öffnet sich jetzt. Deswegen sind wir hier. Wir befinden uns in einem dritten Prinzip, das *Du bist!* heißt: In dem Augenblick, in dem du das verstehst, werden die Dinge geschehen. Du bist es, der das Universum bewegt, nicht umgekehrt. Du sitzt tief unten in einem existenziellen Loch. Du durftest nie über all das sprechen, was du mitgebracht hast, über dein enormes Wissen, das du angesammelt hast, über all das, was du als wahr erkannt hast. Jetzt gehen wir den umgekehrten Weg, jetzt fängst du an zu erzählen. Darum haben wir uns getroffen. Du hast den wahren Berg gefunden.“

Seine Stimme führte mich immer weiter zur Erkenntnis:

„Deine Eleganz war völlig aus dem Gleichgewicht, damals am Hauptbahnhof. Plötzlich war da keine Eleganz mehr. Du konntest dich nicht losreißen. Du hattest Angst, alleine zu reisen, buchstäblich und in übertragener Bedeutung. Aber du wolltest hierherkommen. Daran gab es keinen Zweifel. Man könnte sagen, dass deine Reise durch Europa in gewisser Weise ein Zeichen deines Körpers ans Universum war, dass du trotz aller Komplikationen hier sein wolltest. Dass du zum ersten Mal in deinem Leben den aufrichtigten

Wunsch verspürst, als Mensch gegenwärtig zu sein."

Er stand auf.

„Lass uns Mittagessen gehen."

Der Wüstenwind fegte durch die Stadt und warf Dachziegel und Blümentöpfe auf die fast leeren Straßen. Wir gingen weiter in die Altstadt hinein und fanden ein Restaurant an einem kleinen, windstillen Platz. Der Seher bestellte einen Krug Wasser. Ich konnte nicht anders, ich musste darüber nachdenken, unter welchem Druck er während all dieser Jahre als Heiler gestanden haben musste. Die große Verantwortung, die er für Tausende von Menschen auf sich genommen hatte, von denen die meisten ihn erst aufgesucht hatten, als sie von den Ärzten aufgegeben worden waren und nirgendwo anders mehr hingehen konnten.

„Jetzt ist es an der Zeit. Jetzt ist der Augenblick gekommen. Jetzt lösen wir das Alte auf. Vergiss alles, was damit zu tun hat, wo du für morgen dein Geld verdienen kannst. Es ist völlig gleichgültig. Wenn du den Gedanken, dass du viel Geld verdienen willst, erst einmal ausgesprochen hast – dann hast du dich schon selbst begrenzt. Vergiss es. So funktioniert das nicht. Diese Art zu denken findest du im New-Age-Milieu, du weisst schon: Geld ist Chakraenergie, verdiene deine erste Aura-Million noch vor deinem Nachbarn und all das. Begrenzungen. Pseudo. Und jedes Mal, wenn du glaubst, einen kleinen Fortschritt gemacht zu haben, dann bist du glücklich, und das ist auch gut; aber wenn du dich zu lange auf deinen Lorbeeren ausruhst, bleibst du stecken. Das funktioniert nicht. Nicht der Verdienst spielt eine Rolle, sondern der Einsatz. Nicht die Antwort, sondern die Frage. Nicht die Prämie, sondern die Tat. Keine meiner Fähigkeiten spielt hier eine Rolle, da sie nicht meiner Person zugeschrieben werden können. Das Einzige, worum es geht, ist, dass man sich zur Verfügung hält und bereit ist, alles in Frage zu stellen. Dadurch erreicht man vielleicht keine neuen Ergebnisse und erhält nicht unbedingt neue Antworten, aber man bekommt ein neues Bewusstsein. Ein weit umfassenderes Bewusstsein. Du wirst dafür keine Medaille bekommen, keine Prämie, keinen Nobelpreis. Es ist einfach nicht wichtig. Darum haben wir uns noch nicht weiterentwickelt, weil der Mensch an den Profit denkt, noch bevor er die Arbeit ausgeführt hat. Dadurch wird die Arbeit viel zu sehr begrenzt. Er ist bereit, ein neues Bewusstsein für ein Ergebnis, einen Pokal, Geld, Prestige, für alles Mögliche zu verkaufen. Das funktioniert nicht. Das Dasein ist freifließend. Wird es durch persönliche Ambitionen begrenzt, verkleinert das die Welt. Wenn die Menschen begriffen, in welchem Ausmaß sie mit allem verbunden sind, würden sie ganz anders handeln und ihr Leben ganz anders einrichten. Es ist absolut unbeschreiblich, was geschieht, wenn die Universen zu einem zurückkehren und sagen: ‚Endlich jemand, der glaubt.' Zu erleben, dass man etwas für die Universen und damit auch für andere Menschen tun kann. Dass man jemanden bewegen kann. Nicht auf sentimentale oder persönliche Art. Ganz und gar nicht – so darfst du nicht denken! Nein, wirklich bewegen. Alles wird dann unglaublich schön und einfach. Du erlebst dann, was wirkliche Intuition bedeutet, was die wirklich großen Dinge sind. Es geht jedenfalls nicht ums Geldverdienen. Niemals. Das, worauf es im Entwicklungsprozess des Einzelnen wirklich ankommt, ist, wer er ist und was er – aus einer universellen Perspektive heraus – als Mensch tun kann. Das sind ganz andere Erfolgskriterien als diejenigen, denen wir heutzutage folgen. Das ist die neue Freiheit. Gib mir einen Platz und ich bewege das Universum. Das ist viele Jahre lang mein Leben gewesen. Die harten Jahre als Heiler nähern sich ihrem Ende. Jetzt muss ich dort draußen mithelfen. In der Zwischenzeit müssen wir sehen, was wir aus dir machen können."

Der Kellner servierte Sardinen und Salat. Mein Gehirn war wie ein riesiges, überlastetes Netz, in dem die Gedanken herumrasten. Ich wusste vom Montségur, dass er kein einziges überflüssiges Wort sagte, dass alles eine Bedeutung hatte und bedacht werden sollte. Wie ich es inzwischen öfter in seiner Gegenwart erlebt hatte, bewirkte er, dass Dinge geschahen. Spannungen und verkrampfte Gedanken lösten sich, das Unverständliche wurde plötzlich verständlich, das Unklare durchschaubar, einleuchtend und klar. Er übermittelte die schwierigsten Fragen, ohne ein Wort zu sagen, während die einfacheren Grundregeln in leuchtende Sätze gegossen wurden, Wort für Wort, verstofflicht als Erde, Feuer, Luft und Wasser. Auf diese Weise fing ich langsam an, zu begreifen, was er meinte, wenn er davon sprach, dass wir die Grundstoffe mit dem Universum gemeinsam haben. Aber es war eine Sache, wie viel ich von alldem, was er sagte, verstehen und akzeptieren konnte. Eine ganz andere war es, nachzuvollziehen, was er nur andeutete und was man nur zwischen den Zeilen lesen konnte. Dabei nämlich versagten Logik und Intellekt. Das war es, wo ich vorsichtig sein musste. Kopfschüttelnd zeigte er mir immer wieder, dass meine viel zu guten Manieren, mein schulmeisterhafter Intellekt und die daraus folgende Arroganz das größte Hindernis für mich waren, um das, was er mir mitzuteilen versuchte, zu verstehen. Glücklicherweise war seine Geduld mit mir grenzenlos.

Nachdem wir gegessen hatten, gingen wir zurück in die Wohnung. Nach einer Stunde der Stille machten wir mit den Fragen und Antworten weiter. Er hielt seine Antworten knapp und einfach, überließ es aber mir zu entscheiden, über welche Themen wir sprechen sollten. Wir beendeten den Nachmittag mit einer Atemübung.

„Das Universum ist pyramidenförmig aufgebaut. Das gleichseitige Dreieck ist die grundlegende Matrix aller Dinge. In dieser Form hat sich das Universum über Milliarden von Jahren ausgedehnt. Danach kommt eine kurze Stille, dann das Einatmen. Genau wie ein Atemzug. Ausdehnung und Zusammenziehen, Einatmen und Ausatmen. Im Zusammenhang mit der Entdeckung anderer Universen erlebte ich die Bedeutung der Bewegungsfreiheit. Sich über das Universum hinauszubewegen bedeutet, grenzenlos zu sein. So sollte unser Atem auch sein. Aber beachte die kurze Stille zwischen Ein- und Ausatmung. Das ist der Moment, in dem alle Probleme gelöst werden, in dem du mit dem JETZT verschmilzt!"

Draußen hatte sich der Wind gelegt. Ich ging in die Küche und bereitete eines meiner einfachen Gerichte zu. Der Seher holte eine Flasche Don César. Als wir gegessen hatten, wurde ich von einer angenehmen Müdigkeit übermannt. Frank Sinatras Ratpack erklang im Hintergrund. Es gab keinerlei Hemmnisse. Der Tag war zur Ruhe gekommen und ich weiß nicht, was mich dazu brachte zu fragen:

„Sind wir uns in einem anderen Leben schon begegnet?" Die Frage schien ihn überhaupt nicht zu überraschen. Er wärmte das Glas in seinen Händen, als sei es mit Weinbrand gefüllt.

„Wir sind uns auf einer bestimmten Verständnisebene begegnet. Wir beide sind uns immer darüber im Klaren gewesen, dass wir noch zu etwas anderem Zugang haben, obwohl wir hier auf der Erde leben. Zu einigen sehr reinen Aufzeichnungen, die wir leider erst jetzt anwenden können. Es ist unglaublich schön, aber auch schwierig, sie anzuwenden, und das hat uns auf verschiedenen Wegen zu dem Ort geführt, an dem wir uns jetzt befinden, genau in diesem Augenblick in diesem Wohnzimmer. Der Zugang zum

Universellen hat uns scheu gemacht und in gewisser Weise ungeeignet für dieses Dasein. Wir sind einsame Existenzen, denn in den meisten Inkarnationen waren wir nicht in der Lage, das Universelle auf der irdischen Ebene umzusetzen. Wenn man ein Leben nach dem anderen aufgrund seines Wissens und seiner Anschauungen isoliert war, entsteht eine tiefe Einsamkeit in Einem als irdisches Wesen. Und das war für uns beide ziemlich schwer. Es war nicht sehr angenehm, aber jetzt sieht es so aus, als würden die Dinge anfangen, sich ein wenig zu krystallisieren. Es gibt eine Öffnung. Andere Bewusstseinsformen. Besonders schön für mich ist, dass ich dieses Mal das wunderbare Glück hatte, meine Fähigkeiten vollständig anwenden zu dürfen. Deswegen sieht es so aus, als ob ich mich dem Ende nähere. Der Abgang ist nah. Ich weiß, was es ist, aber es fällt mir schwer, es zu beschreiben. Und hier kommst du ins Spiel. Sonst finde ich meine Sprache im Zusammenspiel mit meinen Klienten. Und schöner kann es gar nicht werden. Die Klienten und ihre Heilung sind meine Garantie dafür, dass ich hier bin und dass mein Metier das Richtige ist. Es bildet die Grundlage für meine Studien und meine Forschung. Es spornt mich an, Leute zu bewegen. Meine Arbeit wird laufend widerlegt oder bestätigt. Wenn ich zum Beispiel außerhalb der Universen arbeite und von den Energien akzeptiert werde, bekomme ich die Erlaubnis, sie mit zurück zur Erde zu nehmen und sie dort anzuwenden, sie zu verwandeln. Und weil ich sie in etwas Greifbares umsetzen kann, wie andere zu heilen, öffnen sie sich für mich auf einer ganz persönlichen Ebene. Ich weiß jetzt, nach all meinen Inkarnationen, dass es mir erlaubt ist, hier zu sein."

„Wer bist du? Woher kommst du?"

Ein Lächeln lief unmerklich über sein Gesicht und verschwand in einem Schatten. Ich glaubte zu sehen, wie er in einer Sekunde seinen Charakter veränderte. Das überraschte mich. Er war plötzlich nicht der, den ich erwartet hatte. Spürte ich auch eine Veränderung in seiner Stimme?

„Ich bin aus einer Zeit vor dem Anfang. Ich transzendiere. Es war ein Schock für mich, als ich als Seher zum ersten Mal Einblick in einige meiner frühen Gedankenformen erhielt und sah, wie ich Macht missbraucht hatte. Bis ich es anerkannte und akzeptierte. Dann konnte ich weitergehen. Ich befand mich in einem Raum mit vierundzwanzig Energien, die je eine eigene Gedankenform hatten. Ich war die fünfundzwanzigste Energie und besaß zwei. Offenbar konnte ich sie nicht kontrollieren. Jedenfalls ging etwas schrecklich schief. Aber das habe ich später ändern können. Deswegen bin ich jetzt dabei, auszusteigen. Einst war ich Macht. Jetzt bin ich Freiheit.“

Die letzten beiden Sätze blieben in der Luft stehen wie zwei Schlangen, die sich umeinander winden. Eine plötzliche Eingebung veranlasste mich, auf die zwei Bilder an der Wand zu zeigen, die ich schon früher an diesem Tag betrachtet hatte. Es war mehr als nur eine Ahnung. Sie waren ein Teil des unsichtbaren Textes, der zwischen den Zeilen zu lesen war.

„Was haben diese Bilder mit dir zu tun?“

„Wenn ich Marcus Aurelius› *Meditationen* lese, tauchen einige sehr vertraute Gedankenformen auf. Ich habe das vor einigen Jahren herausgefunden. Ich fühle mich sehr mit dieser Gedankenform verbunden und möglicherweise war es eine frühere Inkarnation. Ich sage nicht, dass ich er war, aber ich habe eine sehr genaue Kenntnis der Gedankenform Marcus Aurelius. Ich kann sie sogar körperlich spüren. Die große Spaltung, die er erlebte. Der Kaiser, der die notwendigen Kriege führen musste, um das Römische Reich aufrechtzuerhalten, und der sich gleichzeitig in seine Meditationen vertiefte. Aber das ist *meine* Erfahrung und ich sollte sie für mich behalten."

Ich deutete auf das Gemälde des maurischen Raumes, das daneben hing.

„Das wirst du früh genug erfahren. Jetzt will ich schlafen. Wir haben morgen einen anstrengenden Tag vor uns. Gute Nacht."

Obwohl ich todmüde war, konnte ich nicht einschlafen. Alles, was er mir erzählt hatte, alle Übungen, die wir gemacht hatten, wirbelten in meinem Kopf herum wie in einem sich immer weiter drehenden Tornado, bis das Ganze langsam in einem weichen Licht verschwand, das immer dunkler wurde. Ich war dabei, den Halt zu verlieren. Dann ließ ich los und glitt in die Wirklichkeit der Träume hinüber. Es war ganz still. Der maurische Raum mit der weißgekleideten Gestalt. Ich weiß nicht, was mich dazu veranlasste. Vielleicht war es der kleine Lichtstreif von draußen, der durch einen Spalt unter der Tür drang. Ich weiß auch nicht, wie das möglich war, aber plötzlich stand ich vor der Tür und ergriff die Türklinke. Die Tür knarrte in ihren Angeln. Sie war träge und schwer, so als sei sie lange nicht geöffnet worden. Ich öffnete sie. Der Lärm von draußen war ohrenbetäubend und das Sonnenlicht blendete. Ein großer Marktplatz voller Stände. Ich trat in die brennende Hitze hinaus und versuchte, mich zu orientieren. Es war überwältigend und ich geriet fast in Panik. Dann fing ich an zu laufen.

10

Es war ganz still, als ich aufwachte. Mein Wecker zeigte halb sechs. Ich blieb liegen und lauschte der Stille. Dann fiel mir der Traum wieder ein und ich versuchte, mich daran zu erinnern, was geschehen war, nachdem ich den andalusischen Markt betreten hatte. Was hatte mich dazu gebracht, wegzulaufen? Wohin war ich gelaufen?

Ich stand auf und ging auf die Terrasse, ins Niemandsland zwischen Tag und Nacht, in dem das unwirkliche, graue Licht alles aussehen ließ, als sei es aus Marzipan gemacht. In einem Spalt zwischen den Häusern konnte ich sehen, wie die nebelig weißen Wellen des hellgrünen Mittelmeeres schweigend und monoton den bleichen, geisterhaften Strand massierten. Irgendwo in der Nähe sang eine Frau beinahe beschwörend den immer gleichen Ton, indem sie ihn fesselnd, fast manisch noch mal und noch mal wiederholte, als wolle sie die noch schlafende Stadt vor einem unkontrollierbaren Schicksal warnen, das sich gerade an diesem Morgen als großer, vornübergebeugter Schatten verkleidet hatte, der verzweifelt durch die Straßen schwebte, weil er den Weg nach Hause nicht finden konnte. In dieser Stimme brannte ein Feuer. Ein Feuer, das ein für allemal deutlich machte, dass der Gesang älter ist als die Sprache. Wieder einmal stand ich am Rande der unendlichen Erinnerung, ohne zu wissen, ob es meine war, ob sie der Ewigkeit angehörte oder ob es sich nur um eine andalusische Fata Morgana handelte, die im Wind wirbelte, hinter dem betäubenden Schleier des Vergessens. Ich ging zurück ins Haus, um an der ersten stillen Unterrichtsstunde des Tages teilzunehmen.

Das Telefon klingelte pünktlich um acht. Der Seher war tief konzentriert. Ich war in der Küche, sollte aber weder Frühstück noch Kaffee oder Tee machen. Es war ein Fastentag. Nur Wasser war erlaubt. Es schien ein harter Tag zu werden. Er hatte den größten Teil des Nachmittags dazu bestimmt, den toten deutschen Mann auf die andere Seite zu geleiten. Vorher sollte aber noch Zeit sein, mir die täglichen Unterweisungen zu geben. Er war blass, als er von seinen Konsultationen zurückkam. Ich hielt das Glas mit Salzwasser bereit, um das er gebeten hatte. Ich dachte daran, ob ich vorschlagen sollte, dass wir den Vormittag freinähmen, damit er Kräfte für später sparen konnte, merkte aber, dass es nicht nötig war, es laut auszusprechen. Er tat sowieso, als ob nichts wäre.

„Die Art von Bewegung der inneren Sphären, von der ich spreche, ist allzu lange nicht bei den Menschen gewesen. Der Mensch kann intellektuell, spirituell, politisch, künstlerisch, hoch gebildet, wohlhabend, eigentlich alles sein. Doch diese Aspekte beschreiben hauptsächlich den Grad der Begrenzung, in der der jeweilige Mensch lebt, und nicht, wer der einzelne Mensch ist. Wenn ich von einem Direktor X oder Professor Y aufgesucht werde, die dabei sind zu sterben und nirgendwo anders hingehen können, dann macht das deutlich, dass alle diese Titel, all diese Medaillen und all diese Ambitionen oft ein Teil der Krankheit sind. Ich muss dann einige radikale Korrekturen vornehmen. In diesem Augenblick stehen all die oberflächlichen und eitlen Vorstellungen in scharfem Gegensatz zum Wesentlichen, nämlich wer dieser einzelne Mensch in seinem tiefsten Inneren wirklich ist. Erst dann kann wirkliche Befreiung stattfinden. Aber wie du siehst, wollen viele nichts davon wissen. Sie klammern sich an die Medaillen und ihre illusorische Selbsteinschätzung wie ein Schiffbrüchiger an das sinkende Schiff."

Er betrachtete mich. Die Geräusche der Straße schienen vollkommen unwirklich zu sein, als gehörten sie zu einer fremden Welt. Dann sprach er weiter:

„Daher musst du die Kraft der Gedanken kennen. Gedanken haben Folgen. Gedanken schaffen Form. Wenn sie von Umweltverschmutzung und Treibhauseffekt sprechen, vergessen die Leute, dass die Flut verunreinigender Gedanken weitaus größer und vergiftender ist als die Menge von Treibhausgasen. Wir haben uns mit so vielen Schichten verunreinigender Gedanken umgeben, dass wir einen Panzer geschaffen haben, der uns daran hindert, rein mit dem Universum zu kommunizieren. Stattdessen kommen unsere eigenen alten und unbrauchbaren Gedankenformen immer wieder zu uns zurück. Es wird zu einem Teufelskreis. Die Bewegung geht in die verkehrte Richtung, weil sie nur das Ausmaß des negativen Outputs korrigiert, der von all den unerlösten, negativen Gedankenformen gespiegelt wird, die unsere Fähigkeit zu sehen begrenzen. Das müssen wir ändern. Uns erwartet eine umfangreiche Arbeit sowohl auf der persönlichen als auch auf der gemeinschaftlichen Ebene. Sei immer wachsam, was deine Beweggründe angeht. Sei immer bereit, dich ganz vorurteilsfrei zu fragen, warum du dieses oder jenes tust. Denk daran, dass alles, was du tust, jeder Gedanke, jede Handlung, eine Reaktion bewirkt. Vielleicht siehst du es nicht, aber du kannst sicher sein, dass irgendjemand irgendwo das tut und dass du zu irgendeinem Zeitpunkt mit den Folgen konfrontiert wirst. Viele wissen das nicht. Deswegen kann der Mensch ein ganzes Leben lang mit den aus seiner Sicht besten Absichten denken und handeln, ohne sich bewusst zu sein, dass sie letztendlich negative Resultate hervorbringen werden. Generell denken die Leute nicht viel über ihre Handlungen nach. Dies ist also Regel Nummer eins: Sei dir deiner Beweggründe bewusst. Die zweite Regel besagt: Lass jegliche Art von Macht los. Wenn du jedes Streben, das die Forderung *Ich will das haben! Das ist meins!* enthält, loslässt, werden sich Türen für dich öffnen. Danach wirst du automatisch den nächsten Schritt machen – in den wahren, universellen Strom hinein. Es schmerzt, all die Begrenzungen wahrzunehmen, die die menschliche Vorstellung von Glück, Geld und Prestige verursacht. Es ist sehr traurig. Es wird immer Überfluss im Universum geben, aber was nützt es, wenn der Mensch seine Möglichkeiten verpasst und es ablehnt, sie zu sehen? Das Universum sucht die Gedanken der Menschen. Darin liegt unsere Möglichkeit. Es bedarf nur unserer Offenheit. Trotz seiner kultivierten Lebensweise reagiert der Mensch immer noch primitiv, aber auf eine so spezialisierte Weise, dass er, ohne es zu merken, vor der Offenheit, von der ich rede, flüchtet. Er sieht überall Feinde, weil er seine unerlösten Gedankenformen in seine Umgebung projiziert. Das Universum sucht Freunde. Das Universum ist neutral. Rein, lebendig, beweglich. Es umfasst alles. Daher: Gib alles, was den Wunsch nach Macht bedeutet, auf. Dann wird sich das Universum öffnen."

Er stand auf und nickte beiläufig zum Gemälde des maurischen Raumes hin, in dem ich in meinem Traum gewesen war:

„Ich sehe, dass es schon eine Öffnung gibt."

Er ging in die Küche, um mehr Wasser zu holen.

Jetzt sah ich auch, was ich vorher nicht bemerkt hatte. Etwas hatte sich verändert. Etwas fehlte. Die Frauengestalt in Weiß war verschwunden. Ich stand auf, um das Bild näher zu betrachten. Ich ließ meinen Finger an der Stelle, an der die Frau sich befunden hatte, über die Farbe gleiten. Ich sah, dass die Tür nun einen Spalt breit offen stand und dass ein Lichtstreifen auf die arabischen Fliesen im Vordergrund des Bildes fiel. Mir wurde schwindelig. Hatte ich vergessen, die Tür richtig zu schließen, als ich den Raum verließ? Es war doch nur ein Traum gewesen. Oder nicht? Hatte ich mich verirrt und war doch noch nicht zurückgekehrt? Ich setzte mich aufs Sofa, bevor er aus der Küche kam. Er lächelte sein vertrautes Lächeln.

„Du siehst aus, als ob du etwas Wasser bräuchtest."

Er schenkte mir aus einer großen Karaffe ein, bevor er seine Vorlesung fortsetzte.

„Der Begriff ‚Gott' ist eine Metapher für die höchste Erkenntnis, die höchste Energieform, von der wir alle ein Teil sind. Deswegen sind wir alle Götter oder die Kinder Gottes, wenn du so willst. Wir sind geschaffen, um zu bewegen. Aber das setzt natürlich voraus, dass wir uns unserer wahren Herkunft und unseres wahren Zwecks bewusst sind. Die Zeit ist reif, die alten Vorstellungen, die abgenutzten Mythen, die verschlissene Zeit fallen zu lassen. Die Zeit ist reif, dass wir die schweren Gedankenformen hinter uns lassen und Platz für viel schnellere Schwingungen machen. Das erreichen wir teilweise, indem wir die gegenwärtigen Gedankenformen reinigen und die alten verwandeln. Wir stammen von dem Stoff ab, der allem zugrunde liegt, wir sind nach dem ersten Bild geschaffen, wir sind Urstoff. Er ist überall, hat aber seinen Ursprung außerhalb des Universums."

„Woraus besteht dieser Stoff?"

„Bewusstsein. Reines Bewusstsein. Er enthält unbedingte, unsentimentale und reine Liebe. Die höchste aller Energieformen."

„Du hast mir gezeigt, wie es funktioniert. Wenn ich aber selbst versuche, die Energien zu aktivieren, geschieht nichts. Ich habe meine Augenblicke, meine Schlupflöcher und all das, die ich aber selbst nicht beherrschen kann. Wie kann ich den Verlauf kontrollieren?"

„Zunächst einmal, indem du deinen Wunsch nach Kontrolle aufgibst. Deswegen kehre ich immer wieder zu den grundlegendsten Übungen und Begriffen zurück. Wenn du glaubst, dass die Übungen immer schwieriger werden, irrst du dich. Die grundlegende Arbeit, also das, was die meisten Leute auslassen, ist die schwierigste, weil sie von uns mehr Verzicht, mehr Konzentration, mehr Geduld, mehr Mut, mehr Kraft und mehr Humor erfordert, als die meisten mobilisieren können. Es gibt keine Abkürzung ins Paradies, keine Lösung, die leichter oder unkomplizierter ist als diese. Wenn die Leute das nur einsehen würden. Wenn wir das erst einmal verstanden haben – und damit meine ich wirklich verstanden haben –, ist es das Einfachste, was es gibt. Weil es universell ist. Kosmisch. Und genau darum haben wir diese Übungen. Um den universellen, kosmischen Menschen von allen Traumen, Neurosen, Projektionen und all dem unnötigen Ballast, den wir mit uns herumschleppen, zu befreien. Du bist dabei, zu verstehen. Deshab bist du jetzt hier. Wenn du die alten Muster auflöst, löst du gleichzeitig die Zeit auf. Zeit und Raum sind Gedankenformen. Zeit dehnt sich nicht unbedingt aus. Sie ist nicht unbedingt horizontal. Und der Begriff des Raumes ist der schöne, aber unmögliche Versuch des Menschen, etwas einzukreisen und festzuhalten. Stell dir vor, dass es sieben Ebenen mit jeweils sieben Stufen gibt, dann stell dir vor, dass der Schwingungsgrad mit jeder Stufe zunimmt, während die Zeit, wie wir sie kennen, aufgelöst wird. So wie du es selbst erlebt hast, als wir auf dem Montségur mit der Zeit experimentiert haben, als wir durch das Tor der Zeit gingen. Versuche, dich zu erinnern, wie schwer du dich fühltest, bevor wir anfingen, und wie du dich Tag für Tag leichter fühltest, wie deine Schwingungen immer schneller wurden. Da hast du die Auflösung der Zeit erfahren. Wenn du dich dann wieder im Alltag befindest, wird es schwierig, gegenwärtig zu sein. Aber es ist ein Balanceakt, den du erlernen musst. Es ist die Kunst, hier zu sein. Es kann unglaublich harte Arbeit sein, den Bezug zur Wirklichkeit zu bewahren, wenn man erst einmal angefangen hat, sich zu lösen und loszulassen. Auf der siebten Ebene existiert die Zeit nicht. Dort *bist* du einfach. Der transzendierte Mensch.“

Wir machten einen Spaziergang auf der Strandpromenade. Der Wind hatte sich gelegt. Es hatte angefangen zu nieseln. Ein deprimierendes Betonhotel folgte dem nächsten. Am Ende der Strandpromenade blieben wir lange stehen und blickten aufs Meer hinaus. Weit draußen am Horizont sahen wir etwas, das aussah wie ein kleines Schiff, das von den Wellen hochgehoben wurde und dann in einem Wellental verschwand, um einen Augenblick später wieder zu erscheinen. Ich musste an die Geschichte von dem Entdeckungsreisenden denken, dem in einem kleinen dampfgetriebenen Holzboot mitten auf hoher See der Treibstoff ausging und der deswegen den Kessel mit Holz vom Bug des Schiffes heizen musste. Ich fragte mich, ob ich dieser Reisende war. Wir kehrten um und gingen Richtung Stadt. Der Seher war schweigsam und ich wusste, dass er sich auf die vor ihm liegende Aufgabe vorbereitete. Aber ich spürte, dass dieser Augenblick wichtig war, genau wie alles andere, an dem er Anteil hatte. Unsere Schritte hatten den gleichen Rhythmus gefunden. Ich spürte, dass ich Teil eines größeren Kreislaufs war. Ein gemeinsamer

Atem, der einen Kreis formte, ein freies Gebiet, eine Öffnung, in denen die Energien frei flossen. Sogar die schlichte Tätigkeit des Gehens wurde zu einer universellen Handlung. Wir gingen und gingen. Quer durch die Stadt, um sie herum und wieder zurück, auf unbekannten Straßen durch fremde Stadtviertel. Vor meinem inneren Auge sah ich den Entdeckungsreisenden in seinem Boot, das jetzt nur mehr aus ein paar Planken bestand, die ihn und die Dampfmaschine bloß noch knapp über Wasser hielten. Die Auflösung des Ichs?

Wir machten vor der Stierkampfarena der Stadt halt, Plaza de Toros. Ich folgte dem Seher durch das Tor und den Durchgang in die Arena. Niemand war zu sehen. Die Regentropfen machten feine Lochmuster in den dunkelgelben Sand des Kampfplatzes. Als wäre es die natürlichste Sache der Welt, öffnete er ein kleines Tor und trat in die Manege des Todes.

„Komm!", sagte er und ging los.

Der Klang seiner Stimme hallte von den leeren Zuschauerrängen wider. Ich folgte ihm. Er blieb im Zentrum der Arena stehen.

„Wenn du hier stehen bleibst, überlasse ich dir die Bühne."

Ich sah ihn verständnislos an. Ich hatte keine Ahnung, wovon er sprach. Er ging weiter in Richtung eines Tores am anderen Ende der Arena. Irgendetwas drückte von der anderen Seite dagegen. Irgendetwas, das beunruhigende Laute von sich gab. Ich musste lächeln. Ich lehnte es schlicht ab, den Gedanken zu Ende zu denken. Auch wenn er unvorhersagbar war und auch wenn ich mit ihm zusammen immer mit dem Unvorhergesehenen rechnen musste, das konnte es nicht sein. Ich beobachtete ihn, während er die Ketten aus den Eisenringen zog, die das Tor verschlossen hielten. Langsam schob er das Tor gegen die Balustrade. Ich starrte in den dunklen Schatten des Duchlasses und meinte zu sehen, wie sich dort etwas bewegte. Ich konnte es nicht glauben. Die Arena um mich herum verschwand und ich schwebte in einem gelben Raum.

Ein großer, schwarzer, glänzender Stier stand im offenen Tor. Ich wollte den Seher rufen, aber darauf kam es jetzt nicht mehr an. Er war nirgends zu sehen. Ich stand wie angewurzelt. Mein Gehirn arbeitete auf Hochtouren. Automatisch wog ich meine Chancen ab. Würde ich es schaffen, hinter der Barriere in Deckung zu gehen, oder war dieser Riese schneller, als ich es mir vorstellte? Würde er mich nicht angreifen, wenn ich nur ganz still stehen bliebe? Die Situation war völlig surreal. Wahnsinnig komisch. Sie trotzte jeder Vernunft. Sie ähnelte fast einer Karrikatur, in der der erlösende Text fehlte, der den Wahnsinn relativierte. Der Stier machte einen Schritt vorwärts. Jetzt konnte ich sehen, wie groß er in Wirklichkeit war. Ein schönes Tier, das unter diesen Umständen im menschlichen Bewusstsein plötzlich zum Inbegriff des Bösen wurde. Jetzt konnte er mich riechen. Ich schauderte. Plötzlich war alles bedeutungslos. Montségur, der Gral, der Seher und seine Spiele. Genau hier, in diesem Augenblick, hätte ich alles gegeben, um verschwinden und meine Haut retten zu können. Der Stier senkte den Kopf und schabte mit einem Vorderbein im Sand. Ich sah mich verzweifelt nach dem Seher um, aber er war nicht da. Da stürzte der Stier los. Ich sah die aufgeblähten, schnaubenden Nasenlöcher, sah wie der Sand hochspritzte, als sich die Hufe hineinbohrten und geheime, bedeutungsschwere Zeichen hinterließen. Alles geschah wie in Zeitlupe. Ich konnte sehen, wie sich jeder Muskel im Hals des Stieres, gespannt und elastisch, über seiner breiten Brust verzweigte, wo der Schweiß einen Panzer aus weißem Schaum bildete. Mein Schrei blieb mir im Halse stecken. Ich schloss die Augen. Dann reagierte ich, drehte meinen Körper um – viel zu langsam. Meine Schuhe glitten im Sand aus, als ich losrennen wollte. In dem Augenblick hörte ich eine Stimme in meinem Kopf, die wortlos sprach: ,Geh mir entgegen! Fürchte dich nicht! Geh mir entgegen!' Ich öffnete die Augen. Die Projektionen von Jahrtausenden kamen mir donnernd und schnaubend entgegen, mit flammenden Augen und gesenkten Hörnern. JETZT! – JETZT! Ich trat einen Schritt nach vorn. Der Stier lief durch mich hindurch. Ich spürte nichts.

Ich drehte mich um, um zu sehen, wo er geblieben war, aber er war verschwunden, wie Morgentau in der Sonne. Oben auf den Rängen saß eine einsame Gestalt und klatschte.

„Olé!"

Es war der Seher.

„Olé!"

Langsam sank ich auf den Boden der Arena. Zwischen den Regentropfen im Sand waren nur die Fußspuren des Sehers und meine eigenen zu sehen.

Wir setzten uns unter die Markise einer Bar gegenüber der Stierkampfarena. Der Seher bestellte Wasser und Salz. Ich merkte, dass er mehr auf meine Reaktionen achtete als sonst.

„Vor vielen Jahren irgendwo in Italien kam Yeshuas Gedankenform zu mir. Er sagte: ,Warum hast du mir nicht geholfen?' Es war so einfach und rein, so frei von Anklage und Urteil, dass ich anfing zu weinen. Denn ich war mir völlig im Klaren darüber, was er meinte. Es erinnerte mich an alle meine großen Versäumnisse im Laufe der Jahre. Es war keine Anklage, sondern eine Art Reinigung. In dem Augenblick erkannte ich, wie ich mich damals von ihm abgewendet und gedacht hatte, dass er alleine damit fertig werden müsse. Yeshua war eine überirdische und gleichzeitig verstärkte Kraft. Seine Energien und die Gedankenformen, die er repräsentierte, waren so rein, dass seine bloße Gegenwart ausreichte, um Dinge geschehen zu lassen. Er war rein. Vollständig rein.

Und als er sich mir zeigte, konnte ich sehen, dass er wusste, dass ich es damals gewusst und ihm doch nicht geholfen hatte. Da verstand ich, dass es an Yeshua oder Christus nichts auszusetzen gibt, wohl aber am Christentum und an der Kirche. Sie haben alles verdreht. Wir sind es, die ihm helfen müssen, und nicht er uns. Er ist Träger der reinen Energie. Darum müssen wir ihm helfen. Yeshua selbst hat keine Botschaft. Er war nur rein. Das allein war seine Botschaft. Er hatte keine besonderen Fähigkeiten, aber um ihn herum geschahen Dinge, weil er rein war. Er war auch rein isogyn. Ein Beispiel, dem wir folgen sollten. *Ecce Homo.* Siehe – so kann der Mensch sein! Yeshua war eine irdische Inkarnation. Christus ist ein universelles, kosmisches Bewusstsein. Christus ist eine Wahl. Christus ist der Zugang des Menschen zum irdischen Leben. Eine Bewusstseinspforte. Das Christusbewusstsein in uns allen. Genau wie der Gral."

„In der Schweiz, auch vor vielen Jahren, erlebte ich, wie Adolf Hitlers Gedankenform erschien. Er bat darum, verstanden zu werden. Er hatte seine Aufgabe missverstanden und sie trotzdem ausgeführt. Kannst du dich erinnern, dass du in einem deiner Bücher etwas Ähnliches beschreibst, wie du erlebst, dass Hitler dir im Traum erscheint und dich um Hilfe bittet? Er ist nur ein kleiner Waisenjunge. Selbst ein Opfer. Ein Teil dessen wurde durch dich aufgelöst. Ein Teil der Gedankenform wurde durch dich gereinigt. Wir sind alle an den Grausamkeiten der Welt beteiligt. Selbst wenn wir uns einbilden, nichts davon zu wissen. Wir haben alle einen Hitler und einen Yeshua in uns. Zu irgendeinem Zeitpunkt muss jeder Mensch innehalten und sich seinen eigenen Versäumnissen und Grausamkeiten stellen. Tut er es nicht, werden sie nur immer weiter projiziert. Igendwo muss es aufhören. Nämlich dort, wo die Vergebung beginnt. Alle Diktatoren dieser Welt, wie auch immer sie heißen mögen, alle Begriffe und Vorstellungen, von denen wir beschlossen haben, dass sie mit dem Bösen identisch sind, wie der Stier heute, sind bloß ein Ausdruck für unsere Projektionen. Das ist sinnlos. Es rechtfertigt nichts, es erinnert uns nur an unser gemeinsames Erbe. Wir alle sind an den Grausamkeiten beteiligt. Sie sind die Frucht unserer Projektionen. Heute hast du deinen Teil auf dich genommen. Du bist von der Angst in die Freiheit gegangen."

Als wir über die Strandpromenade zurückgingen, schauten wir aufs Meer hinaus. Die Wellen hatten sich gelegt. Das kleine Schiff war nirgends mehr zu sehen.

Nach unserer stillen Stunde bereitete sich der Seher darauf vor, den Toten durch den *Schacht der Seele* zu führen. Ich folgte ihm in sein Büro. Wie immer fing er ohne Zögern sofort an. Ich wusste, dass ich hellwach sein musste und dass es meine äußerste Aufmerksamkeit erfordern würde, wenn ich bei dieser Handlung auch nur ansatzweise gegenwärtig bleiben wollte. Der Seher ließ eine Hand über dem Schreibtisch schweben. Ich schloss die Augen. In mir war das Meer glatt wie ein gebohnerter Boden, poliert von einem unendlichen Atem. Die Ausatmung breitete sich aus und floss ins Nichts, während sie die Himmelsrichtungen und die Linien und Formen aller Dinge wieder zum Leben erweckte. Sie füllte die Leere mit Klängen und Gegenwart für Äonen. Am Ende der Finsternis wurde das Licht geboren. In der schönen Leere war das ewige JETZT. Dann flutete die Einatmung zurück durch unendliche Zeiten und füllte den Raum mit Erinnerung und neuem Leben. Ein goldenes Meer von Licht. Die Erinnerung an den ursprünglichen Zustand. Der verdichtete Klang des Universums. Das harmonische Prinzip aller Töne.

Eine einsame, große, vornübergebeugte Gestalt wartet am Strand. Es ist der Verstorbene. Er ist von dichtem Nebel umge-

ben und wirkt verwirrt und ängstlich. Brennendes Mitgefühl für diesen Menschen. Ich will ihm zurufen, dass er keine Angst zu haben braucht, dass Hilfe unterwegs ist. Im selben Augenblick berührt ein um Schweigen bittender Finger meinen Mund. Ein Boot taucht aus dem Nebel auf. Der Seher steht aufrecht darin. Er sagt etwas zu dem Verstorbenen, das ich nicht hören kann, und hilft ihm an Bord. Sie verschwinden im Nebel. Dann höre ich, wie ein neuer Ton angeschlagen wird. ‚Îkhal – Ethphatha‘, singt eine Stimme. ‚Îkhal – Ethphatha!‘ Die Stimme wird klarer. Ich erkenne den eindringlichen Klang, der dieselbe hellgrüne Farbe hat wie das Meer, dieselbe bleiche Farbe wie der Strand, dasselbe prickelnde Gefühl von Regen auf der Haut, dasselbe beschwörende Moment eines Gebets wie bei der Frau, die ich am Morgen hatte singen hören.

Ich öffnete die Augen. Der Seher saß in tiefer Konzentration. Jetzt konnte ich hören, dass die Stimme der singenden Frau von draußen kam. Ich versuchte, sie zu verdrängen und durch den Nebel den Weg zurück zur Erinnerung im großen Atem zu finden, doch es war vergebens. Ich gab auf und schlüpfte leise aus dem Büro.

Zwei Stunden später hatte der Seher seine Arbeit vollendet. Er war blass, aber deutlich erleichtert.

„Warst du dabei?“, fragte er.

Ich erklärte ihm, was ich erlebt hatte, und er nickte verständnisvoll.

„Du machst Fortschritte. Du siehst reiner als noch beim letzten Mal. Ich will versuchen, den Prozess so gut es geht mit Worten zu beschreiben.“

Er trank das Glas Salzwasser, das ich für ihn vorbereitet hatte.

„Es ist wichtig, dass der Verstorbene drei Tage in Frieden ruht, nachdem er gestorben ist, damit er sich von allen körperlichen Elementen befreien kann. Erst danach ist er bereit für den Weg durch den Schacht. Bevor wir aufbrechen, frage ich die betroffene Person, ob es Ungeklärtes gibt, etwas, das noch nicht erkannt und akzeptiert wurde und deshalb noch nicht aufgelöst werden kann. Der Prozess ist nicht einfach. Es bedarf großer Aufmerksamkeit, großen Einfühlungsvermögens und Taktgefühls. Auf der Innenseite des *Schachts der Seele* sieht man Bilder des gerade beendeten Lebens. Wir halten vor den Bildern an, die besondere Aufmerksamkeit erfordern, zum Beispiel Bilder von Konflikten und Versuchungen in dieser Inkarnation. Ich frage, ob der Verstorbene die Bilder versteht und in der Lage ist, die Beweggründe zu erkennen, die ihn in den verschiedenen Situationen zum Handeln veranlassten. Wenn das Bild verstanden wurde, frage ich, ob der Verstorbene in der Lage ist, es loszulassen. Im Schacht werden nur die großen Dinge angeführt. Je weiter man sich hocharbeitet, desto seltener werden die Bilder. Im Schacht hat man ein Raumgefühl und hat es doch nicht. Es ist sehr schwer zu beschreiben. Du hast es ja selbst auf dem Montségur erlebt. Es ist eine Art Bildergallerie, in der man sich um sich selbst dreht und die verschiedenen Bilder betrachtet. Auf eine bestimmte Weise ist es holografisch. Wenn der Anerkennungsprozess beendet und zu Akzeptanz geworden ist, steigt man in ein fantastisches, intensives Licht hinauf, kurz bevor man die geistigen Ebenen erreicht. Dort wartet der Sammler, eine kugelförmige Gedankenform, die alles aufsammelt, das man nicht mitgebracht hat, alles, was nicht erlöst wurde. Wenn ich den Verstorbenen begleite, erledigen wir das normalerweise auf dem Weg. Der Verstorbene und ich korrigieren gemeinsam die nicht aufgelösten Bilder und beseitigen alle Hindernisse. Wenn kein Helfer zugegen ist oder wenn die Leute, bevor sie sterben, nicht wissen, was im *Schacht der Seele* geschieht, reagieren sie   vielleicht mit Unverständnis auf die Bilder, die ihnen präsentiert werden, und tun nicht das, was notwendig ist, bevor sie weitergehen. Alle Bilder werden im Sammler, wie ich ihn nenne, aufgesammelt. Hier wird man von einem Licht empfangen, das stärker ist als die Sonne, aber gleichzeitig so weich, dass es möglich ist, es zu sehen. Hier triffst du auf die zwei Lichtsäulen – Wächter –, die ungefähr so groß sind wie ein Mensch. Von dort geht die Reise weiter zu den geistigen Ebenen. Dorthin nehmen wir die Bilder nicht mit. Wir brauchen sie dort nicht. Im Gegenteil. Wenn wir später zur irdischen Ebene zurückkehren, kommen wir wieder am Sammler vorbei und steigen durch einen anderen *Schacht der Seele* hinunter. Dort werden wir mit den Bildern konfrontiert, die wir in früheren Leben nicht auflösen konnten. Wir nehmen sie mit in die neue Inkarnation, in der sie uns auf die eine oder andere Weise beeinflussen. Wenn wir das hier erkennen, können wir üben, etwa so, dass wir jeden Tag fragen, ob es etwas gibt, das wir hätten tun sollen und nicht getan haben, oder ob wir etwas getan haben, das wir nicht hätten tun sollen. Was mich betrifft, ist es ein Teil meiner täglichen Arbeit, meine eigenen Bilder anzusehen, um sie zu korrigieren und hoffentlich dauerhaft in Übereinstimmung mit den universellen Prinzipien und der Arbeit zu sein, die ich hier auszuführen habe. Für mich ist es eine Garantie dafür, in meiner Arbeit mit anderen Menschen genau und sorgfältig sein zu können. Und es gibt immer etwas, das justiert werden muss. Alles ist ständig in Bewegung, so dass die Bilder, die morgens korrigiert wurden, am Abend vielleicht wieder korrigiert werden müssen. Es ist unglaublich, wie schnell die Dinge entweder in die eine oder die andere Richtung kippen. Die Vorstellung, dass der Flügelschlag eines Schmetterlings Einfluss auf das Wetter auf der anderen Seite der Erde haben soll, beschreibt sehr gut, wovon ich spreche. Wenn wir alle unsere Bilder aufgelöst haben, ist der Prozess der Inkarnationen auf der

Erde abgeschlossen. Die irdische Stufe ist eine Schule. Wir reden hier von einem Raffinierungsprozess, innerhalb dessen wir lernen sollen, bewusste Mitarbeiter dieses Universums zu sein, so dass wir später in anderen das Gleiche tun können."

„Was ist der Ursprung des Menschen?"

„Die Erde ist ein Zwischenstadium. Der Mensch ist universellen Ursprungs. Im Bewertungsprozess geht es hauptsächlich um Bewusstsein und Achtsamkeit. Gerade jetzt sind wir auf der Erde, aber wir gehören dem Urstoff an, dem universellen Bewusstsein, der ewigen Gedankenform."

Der Seher ging früh zu Bett. Bevor auch ich schlafen ging, stand ich noch lange vor dem Bild des maurischen Raumes. Die weißgekleidete Gestalt war nirgendwo zu sehen. Die Tür stand immer noch einen Spalt breit offen.

11

Es war hell, als ich erwachte. Die Sonnenstrahlen drangen durch die großmaschigen Gardinen und zauberten rätselhafte Arabesken an die Wand. An den Geräuschen draußen konnte ich erkennen, dass ich zu lange geschlafen hatte. Benommen stand ich auf und nahm ein Bad. Der Seher hatte bereits mit den Konsultationen begonnen. Als er fertig war, frühstückten wir wie immer im Stehen in der Küche. Den ganzen Vormittag versuchte er, mir die Prinzipien der Fernheilung einzubläuen. Es fiel mir schwer, mich zu konzentrieren und meine Gedanken flogen hin und her. Doch er intensivierte den Unterricht nur um so mehr. Es war eine Erleichterung, als die Uhr endlich zwölf schlug.

„Du siehst aus, als könntest du etwas Abwechslung gebrauchen. Lass uns Mittagessen gehen!"

Wir fuhren auf der Carretera de la Muerte nach Marbella. Er parkte in einem mehrstöckigen Parkhaus, das in der Nähe eines der zahllosen schicken Einkaufszentren lag, in denen Markenartikel und Preise miteinander einen Wettbewerb der Schamlosigkeit veranstalteten. Wenn es in Marbella materielle Armut gab, war sie jedenfalls gut versteckt.

Der einzige Mensch, der aus dieser Umgebung genauso hervorstach wie wir, war eine junge Zigeunerin, die in einem verwaschenen, geblümten Kleid die Hauptstraße entlangging. Sie war so schön und bewegte sich so graziös, dass alle stehen blieben und sich umdrehten, um sie zu bewundern. Wir gingen weiter in Richtung Puerto Banús.

„Hier treffen sich einige der reichsten Leute der Welt. Die Spanier nennen es den ‚Spielplatz der Reichen‘. Fast alle hier sind Ausländer. Die Andalusier kommen nur her, um in den Bars oder Restaurants zu arbeiten."

Ein beeindruckender Jachthafen breitete sich vor uns aus, so weit das Auge reichte. Ein riesenhaftes Schiff lag neben dem nächsten. An Bord einiger Jachten waren uniformierte Besatzungsmitglieder nordafrikanischer Herkunft damit beschäftigt, die Masten zu lackieren, das Deck zu scheuern oder Messing zu polieren. Rote Teppiche schmückten die vergoldeten Gangways. Millionenschwere Autos standen Seite an Seite auf dem Kai. Gepflegte, sonnengebräunte Männer und Frauen in teurer Designerkleidung saßen vor Sechs-Sterne-Restaurants und aßen zu Mittag. Wir fanden einen Tisch unter einem Sonnenschirm vor einer kleinen marokkanischen Bar am Rande der Promenade. Der Seher bestellte Wasser und Pastis.

„Schau dich genau um. Sieh dir all diese Luxusjachten an. Einige von ihnen sind so groß wie eine Fähre. Sieh dir die Autos an. All das ist Energie. Aber es sind gebundene Energieformen. Sie haben selbst keinen Wert. Es ist nur Geld, ein totes Gewicht, das keinen Nutzen bringt. Die Schiffe werden selten zum Segeln benutzt. Sie liegen nur hier am Kai als Symbole des Reichtums ihrer Besitzer. Genau wie die Autos. Sieh dir den mal an, der dort aus dem Ferrari steigt. Dieser Augenblick hat große Bedeutung für diejenigen, die hierherkommen. Wir sind es, die diesen Mann in diesem Augenblick beobachten könnten, wie er von seinem extrem teuren Auto zu seiner noch teureren Jacht geht, nur um einem der uniformierten Besatzungsmitglieder einen stummen Befehl zu geben und dabei von uns und anderen, die hier sitzen, gesehen zu werden. Er will nirgendwo hin. Jedenfalls nicht mit dem Boot. Er bestätigt nur sein und unser nicht zu löschendes Bedürfnis nach Anerkennung und materieller Sicherheit. Die Ironie an der Sache ist, dass sie auf der anderen Seite des Mittelmeeres, an der Nordküste Afrikas, wirklich gerne segeln gehen würden. So gerne, dass sie sogar mit durchlöcherten Gummibooten vorlieb nehmen. Jede Nacht landen sie an der spanischen Costa del Sol, wenn sie es überhaupt so weit schaffen, nur um wieder zurückgeschickt zu werden. Es kostet sie vielleicht ihre sämtlichen Ersparnisse. Oder das Leben. Und das, während wir hier mit unseren Drinks sitzen und über das Leben philosophieren."

„Was tun wir, um all das zu ändern?"

„Na ja, wir können nicht einfach irgendetwas tun. Wir müssen den universellen Gesetzen folgen. Wir müssen die Sentimentalität und Gefühlsduselei loslassen und versuchen, unserer eigenen Würde oder dem, was noch davon übrig ist, gerecht zu werden. Alles, was wir als gesellschaftliches Privileg und fehlendes Gleichgewicht erleben, ist ans Karmische gebunden. Das bedeutet natürlich nicht, dass wir nicht auf das Unglück anderer reagieren sollen, denn das ist die dharmische Herausforderung an uns, weil es uns materiell gut geht. Die Gedankenformen der Habgier sind der größte Fluch der westlichen Welt. Also müsste auch Geld in ein universelles Mittel transformiert werden, damit es reelle Werte repräsentiert und im Dienst einer guten Sache verwendet wird. Alles kann missbraucht werden. Wenn du dich von der Macht des Geldes löst, wenn du dich weigerst, davon besessen zu sein, wenn du in Harmonie mit dem Universum arbeitest, wird es dir nie an etwas fehlen. Als ich am Anfang für meine Behandlungen Geld nahm, dachte ich manchmal, dass ich den Betrag erhöhen sollte, weil ich immer wenig genommen habe. Ich dachte, dass, wenn die Leute ohne weiteres 3.000 € für ein Fahrrad bezahlen, sie wohl auch etwas für die Wiederherstellung ihrer Gesundheit bezahlen könnten. Aber so funktioniert das nicht. Ich bekam sofort Bescheid von oben, dass ich das nicht tun sollte. Ich sollte nur genug Geld haben, um mein Dasein aufrecht zu erhalten. Und so war es. Von dem Augenblick an, an dem ich das akzeptierte, fehlte mir nie etwas. Und so ist es seitdem gewesen. So verstehe ich die Energie des Geldes. So funktioniert sie. Lass all deine Geldsorgen los. Das Leben ist zu kurz, um Zeit für solche Dinge zu verschwenden. Richte dein Leben so ein, dass du nicht vom toten Gewicht des Materiellen belastet wirst. Mach dich nicht zum Sklaven des Konsums und teurer Gewohnheiten. Sei immer bereit, dich von materiellem Eigentum zu lösen. Alles hier auf der Erde haben wir nur geliehen. Auf diese Weise wirst du immer frei und beweglich sein."

Er schob seinen Strohhut in den Nacken. Wir bestellten gegrillte Auberginen.

„Auf diese Weise wirst du eins mit dem Puls des Universums. Auf diese Weise kannst du einhundert Prozent gegenwärtig sein, ohne dich mit bedrückenden Trivialitäten zu belasten. Die schöne Doña, die wir gerade oben auf der Hauptstraße gesehen haben, nach der sich alle umgedreht haben, war ein gutes Beispiel dafür, unbewusst gegenwärtig zu sein. Sie war von einer unglaublichen Leichtigkeit umgeben und gleichzeitig hat sie den Raum und den Bürgersteig, auf dem sie ging, auf eine sehr feminine, erdverbundene Art in Besitz genommen. Es war offensichtlich, dass ihre Art sich zu bewegen, das Schaukeln ihrer Hüften, ihre Geschmeidigkeit, ihr aufrechter Rücken und erhobener Nacken ein Gesang ans Jetzt waren. Sie war im Augenblick gegenwärtig. Sobald man sie ansah, fielen alles Künstliche, alle Illusionen und Kulissen in sich zusammen. Jedes Designerstück und der ganze teure Schmuck verloren plötzlich ihren Wert. Ihre bloße Gegenwart löschte alles Falsche aus. Das war reine Kunst."

Der Kellner servierte die gegrillten Auberginen, die mit einer Schicht gehacktem Knoblauch, Petersilie und Olivenöl bedeckt waren. Dazu bekamen wir hausgemachten Humus und Pita mit frischem Salat.

„Wenn man erst einmal im Gefängnis des Geldes und der materiellen Sklaverei gefangen ist und sich schlecht fühlt, kann es schwer sein, einen Weg herauszufinden. Instinktiv weiß man, dass es mit großen Problemen verbunden ist, weil es einer Auseinandersetzung mit dem persönlichen Stolz und den Masken, hinter denen man sich versteckt, bedarf. Aber es braucht weder schmerzhaft noch schwierig zu sein. Man braucht Humor, um ein spiritueller Mensch zu werden. Humor ist elegant. Er verwandelt und öffnet. Sarkasmus dagegen macht steif und verschließt. Sarkasmus ist bloß eine Verlängerung der Geringfügigkeit des begrenzten Menschen. Humor kommt von Herzen. Als ich als Heiler anfing, machte ich die Diagnose immer am Tag, bevor die Patienten kamen. Eines Tages hatte ich eine Diagnose gemacht, die mir sagte, dass etwas mit dem rechten Eierstock der Klientin nicht in Ordnung war. Als ich am nächsten Morgen entdeckte, dass die vermeintliche Klientin ein Mann war, habe ich mich fast totgelacht. Und als ich dem Klienten erzählte, warum ich so lachen musste, hat er sich auch fast totgelacht und ich glaube, dass er der einzige Klient war, den ich hatte, bei dem sich das Problem allein durch Humor gelöst hat. Das war eine sehr befreiende und lehrreiche Erfahrung. Humor ist vor allem die Fähigkeit, sich selbst in einem entwaffnenden Licht zu sehen. Man braucht einen Sinn für Humor, wenn man sich hinaus in die Universen bewegen will, um Fragen zu stellen. Und es bedarf der Eleganz, um hier sein zu können. Es ist wie ein Tanz. Ein kosmischer Tanz. Je höher die Ebenen sind, auf denen man sich bewegt, desto humorvoller und tänzerischer muss man sich verhalten. So kann man tanzend und in Bewegung gegenwärtig sein."

„Was geschieht in diesem Tanz?"

„Man entledigt sich seiner Persönlichkeit. Sonst kann man sich nicht durch Energien austauschen."

„Ist man dann neutral?"

„Nein, so würde ich das nicht nennen. Es ist eher ein Zustand der *Nicht-Persönlichkeit.*"

Sein warmes Lachen brachte die Leute dazu, sich umzudrehen.

„Es ist ein fantastisches Gefühl. Es ist, als würdest du dein transpersonelles Bewusstsein berühren, indem du dieses Bewusstsein ansiehst, während du schaust. Es ist unglaublich schön und bringt mich jedes Mal zum Lachen. Und manchmal muss ich mich wirklich zusammenreißen. Ich errreiche gewisse Grenzen, wo ich sagen muss, ok, das ist Humor. Das gefällt mir. Auf dieser Ebene wird all das Schwere, das Träge aufgelöst und man fühlt sich unglaublich erleichtert."

Er strahlte wie die Sonne. Ich konnte sehen, dass dies etwas war, das eine direkte Verbindung zu seinem innersten Wesen herstellte.

„Es ist sehr ernst, aber auf eine leichte und elegante, tänzerische und heitere Art, jenseits aller Wörter und Vorstellungen. Sich *mit* den Energien bewegen. Trotz all der dunklen Materie, die ich komplementäre Materie nenne, ist das Universum voller Humor und Leichtigkeit."

Ich dachte, dass das, worüber er gerade gesprochen hatte, dem ähnelte, was ein christlicher Mystiker einmal geschrieben hatte: „Ich sehe nun, dass die Augen, durch die ich Gott sehe, die gleichen Augen sind, durch die Gott mich sieht." Ich verstand, dass der isogyne Zustand, in den der Seher mich eingeführt hatte, möglicherweise mit dem identisch war, was Yeshua im Thomas-Evangelium sagt: „Wenn ihr aus zwei eins macht und wenn ihr das Innere wie das Äußere macht und das Äußere wie das Innere und das Obere wie das Untere und wenn ihr das Männliche und das Weibliche zu einem Einzigen macht, so dass das Männliche nicht männlich und das Weibliche nicht weiblich sei ... – dann werdet ihr ins Reich eingehen."

Der Seher fuhr fort:

„Du bist eine elegante Person. Du behältst dir das Recht vor, dich zu bewegen. Du weißt, dass du, um das zu können, deine Persönlichkeit abbauen musst, also zum Beispiel deine Ambitionen als Musiker. All das Äußere. Wenn du dich voll und ganz und rückhaltlos den Energien öffnen willst, ist kein Platz für eine Persönlichkeit, die zuerst und vor allem an die Ambitionen der äußeren Welt gebunden ist. Auch ich bin schon seit langem dabei, auszusteigen. Dazu braucht man Humor. So wirst du zum kosmischen Tänzer. So ist es auch mit dem, was du schreiben wirst. Du wirst nicht für jemanden schreiben und auch nicht, um etwas Bestimmtes zu erreichen. Du wirst ein Buch schreiben. Du wirst den Leuten nicht erzählen, wie sie sind, sondern ihnen eine Möglichkeit geben. Deine Aufgabe ist es, zu sagen, welche Möglichkeiten es gibt. Ohne Bedingungen zu stellen. Mensch – denke! Das ist alles."

Er schwieg und schaute mich an, mit dem langen Blick, den ich inzwischen so gut kannte. Er sah direkt durch mich hindurch. Die Galaxien rotierten.

„Du hast nie zu jemandem gehört. Denn deine Gedanken waren außergewöhnlich. Du wolltest dich nicht selbst begrenzen. Durch deine Beobachtungen, die kristallartig waren, hast du immer schon gewusst, dass du Zugang zu außergewöhnlichen Gedankenformen hast. So entstand die Abscheu dem gegenüber, was andere dachten. Meinungen, die du nicht akzeptieren konntest. Ihr Kampf, etwas Besonderes zu sein, interessierte dich nicht. In den dieser Inkarnation unmittelbar vorhergehenden Inkarnationen wurdest du von anderen ausgenutzt. Man hat deine Fähigkeiten ausgebeutet, bis zu dem Tag, an dem du feststelltest, dass du nichts, weder Geld noch Würde hattest. Wenn ich in die Zeit vor den Inkarnationen zurückgehe, wird es diffuser, weil wir hier über ein paar sehr extreme Gedankenformen sprechen. Im ersten Bild von dir gibt es keine Zeit. Du *wusstest*. Deine Feinsinnigkeit damals, vor allen Inkarnationen, war nicht irdisch. Du bist hier immer fremd gewesen. Das verfeinerte Wesen, das sich nicht mitteilen wollte. Denn du wusstest damals, dass dich niemand verstehen würde, wenn du deine Möglichkeiten entfalten würdest. Dadurch wurde deine Einsamkeit über die Inkarnationen hinweg immer größer. Es war dir nicht erlaubt, zu erzählen. Du hast immer nach deiner eigenen Sprache gesucht. Aber diese Sprache ist niemals akzeptiert worden. Niemand verstand sie. Deswegen bist du hier auf der Erde ein Krüppel. Nun hast du deine vergessene Sprache gefunden. Die Sprache, die bewegen kann. Du näherst dich einem Geisteszustand, in dem du in der Lage bist, gegenwärtig zu sein. Natürlich hast du Drogen genommen. Das hätte ich an deiner Stelle auch getan, um zurückzukehren, um von vorne anzufangen. In all deinen Inkarnationen bist du benutzt worden. Du warst einmal ein fahrender Sänger hier in Spanien. In der jetzigen Inkarnation bist du in Dänemark Sänger gewesen und hast versucht, auf diese Art gegenwärtig zu sein, aber ohne Erfolg. Du bist zu extrem. Du konntest dich dem allgemeinen Bewusstsein nicht annähern. Du bist nicht gewöhnlich. Deine Eleganz liegt in deinen Gedankenformen, und nur wenige konnten sie begreifen und annehmen. Du bist niemals gegenwärtig gewesen."

Er bestellte mehr Wasser und Pastis.

„Der neue Mensch weiß, was es heißt, eine Nicht-Persönlichkeit zu sein. Das ist man, wenn man bereit ist, die Frage zu stellen: ‚Wer bin ich nicht?' Das setzt natürlich voraus, dass man weiß, wer man ist und hinter welchen Masken man sich, verhaltenspsychologisch gesehen, versteckt hat. Wahres Sein kann nur aus dem Nicht-Sein entspringen, genauso wie der Klang nur aus der Stille und das Licht nur aus der Dunkelheit entstehen kann. Die Vorstellung von der großen Leere des Nicht-Seins ist nur eine Illusion, genauso wie die Persönlichkeit eine Illusion ist, wenn man sie aus einer universellen Perspektive heraus betrachtet. Die Leere, die man in Verbindung mit dem Abbau der eigenen Persönlichkeit erlebt, ist in Wirklichkeit die Fülle, aus der heraus alles Lebende erschaffen wird."

Er schwieg, um sicher zu sein, dass ich verstanden hatte, wovon er sprach. Ich nickte und er fuhr fort:

„Es ist schön und rührend zugleich, zu sehen, wie ein Mensch in der ersten Hälfte seines Lebens seinen eigenen Kampf kämpft, um etwas zu werden und all seine Träume und Ambitionen zu erfüllen. Aber in gewisser Weise ist es auch traurig, weil der Kampf ihn von seiner eigentlichen Bestimmung entfernt. Die Ambitionen und Träume herrschen über ihn. Werden sie erfüllt, produzieren sie nur weitere flüchtige Träume. Bleiben sie unerfüllt, binden sie den Menschen. Deswegen empfehle ich immer, dass junge Menschen die zum Ich gehörenden Ambitionen erfüllen oder abwickeln, bevor sie zu alt werden. Denn eine solche Entwicklung ist die Voraussetzung für alles, wovon ich spreche und womit wir arbeiten. Die effektivste Art, diese Macht zu brechen, ist zu sagen: ‚Ich bin nicht!' Das ist ein gewaltiger Quantensprung. Stell dir vor, welche Freiheit das ist, wenn du niemand bist und auch niemand sein möchtest; du bist einfach gegenwärtig, befreit von allen Forderungen und Illusionen. Aber du darfst das nicht mit Flucht verwechseln. Im Gegenteil, es ist ein höherer Zustand, ein bewusstseinserweiterter Zustand, die perfekte Art der Gegenwärtigkeit. Da ich durch meine Arbeit sehen kann, wie viel von der bekannten Medizin nicht mehr wirkt, habe ich das Gefühl, dass ein neuer Mensch unterwegs ist. Die Energien des Menschen haben sich verändert. Ich kann es in den elektromagnetischen Feldern sehen. Alle Energien im Universum rücken näher heran. Deswegen ist es meine Überzeugung, dass die Grundstoffe eine entscheidende Rolle im Leben des neuen Menschen spielen werden, weil die Grundstoffe sich sowohl im Menschen als auch im Universum befinden. Der Mensch muss auch lernen, auf eine neue Art gegenwärtig zu sein. Er muss den großen Ballast alter Energien und Gedankenformen, die ihn gefangen halten, transformieren. Der Mensch ist so sehr damit beschäftigt, *etwas zu sein*, damit er sagen kann, dass er eine Persönlichkeit mit diesen oder jenen Qualifikationen ist, jemand, der viel Geld verdient, dieses oder jenes erreicht hat. Dieses Insistieren darauf, einen Raum für sich selbst und alle seine Illusionen und den unechten Schmuck zu haben, ist statisch und begrenzend. Auf diese Weise reduziert sich der Mensch selbst dazu, nicht mehr als ein ‚Überlebender' zu sein, einer, der am Leben hängt wie ein totes Gewicht. So tanzt er nicht. Der Mensch muss bereit sein, hervorzukommen und ins Unbekannte zu treten und sich dort, wo er sich nicht mehr hinter seinen eigenen Vorurteilen und Projektionen verstecken kann, selbst zu riskieren. Vielmehr noch: Er muss sich völlig rein dem universellen

Prinzip zur Verfügung stellen. Der Mensch ist ein Verwandelnder, ein Kanal des Universellen, in dem die Energien transformiert werden. Das ist seine Bestimmung. Wenn der Mensch das versteht, wird er frei und beweglich, er verwandelt sich selbst in *einen großen, offenen Augenblick.*"

Er hob das Glas zum Zeichen, dass die Vorlesung zu Ende war.

„Pastis!"

Nachdem wir in die Wohnung zurückgekommen waren, praktizierten wir eine Stunde der Stille. Ich setzte mich ins Wohnzimmer und versuchte, mich mit der konzentrierten Energie zu verbinden, die der Seher aktiviert hatte. Ich wusste, dass die Fähigkeit, jegliche Vorstellung, jede Erwartung und jedes Vorurteil zu ignorieren, die wichtigste Voraussetzung dafür war, dass es gelingen würde. Oppenheimer hatte einmal gesagt, dass es leichter sei, einen Atomkern zu spalten, als Vorurteile zu vernichten. Der Seher sagte, dass wir zwischen der instinktiven Ebene, auf der wir von unseren Bedürfnissen und unserem Egozentrismus gesteuert werden, und der intuitiven Ebene, auf der wir wohlwollend und mitfühlend sind, unterscheiden müssen. Der Unterschied zwischen den beiden Ebenen hängt davon ab, in welchem Grad man Herr über seine Gedanken ist. Als die Stunde vorbei war, kam der Seher mit einer Flasche Rotwein und einem einzigen Glas in den Händen herein. Wie gewöhnlich musste er meine Gedanken gelesen haben, denn er fing sofort mit dem Unterricht des Nachmittags an:

„Ich habe früher davon gesprochen, wie wichtig es ist, die Kraft der Gedanken richtig anzuwenden. Wir werden jetzt einen Versuch machen, der dir meine Theorie in der Praxis zeigen soll."

Er zog den Korken aus der Flasche und schenkte Wein in das Glas ein, das er vor mich hingestellt hatte.

„Bitte probier einmal!"

Ich hob das Glas, trank einen Schluck und hätte ihn fast wieder ausgespuckt, so sauer war der Wein. Er schmeckte wie reiner Essig. Er lächelte amüsiert.

„Ja, das ist vielleicht nicht der vorzüglichste Wein, den man sich vorstellen kann. Um ehrlich zu sein – es ist ein billiger Wein, den man für eine Art Marinade verwendet, die ich nicht kenne. Aber stell das Glas auf den Tisch und lass mich sehen, ob ich da was machen kann."

Ich tat, worum er mich gebeten hatte. Er saß eine Weile einfach da und durchbohrte das Glas mit seinem langen Blick.

„Probier ihn jetzt noch einmal!"

Schon als ich das Glas zum Mund hob, merkte ich, dass der Wein einen anderen Duft hatte. Ich probierte ihn. Er war weich und rund wie ein Jahrgangswein bester Qualität. Es war unglaublich. Doch ich hatte aufgehört, mich zu wundern, wenn es sich um ihn handelte. Stattdessen sagte ich das erste, was mir einfiel:

„Wasser in Wein oder Essig in Wein!"

„Eher Wein für dich", antwortete er lachend.

„Was du gerade erlebt hast, ist ein Veredelungsprozess. Wie du siehst, ist es sehr einfach. Die Kraft der Gedanken wirkt. Du kannst das mit allen Nahrungsmitteln machen. So segnest du eine Mahlzeit. Indem du ihr Energie zuführst. Es ist gut, sich daran zu gewöhnen, allem, was man isst, die gleiche Energieform zu geben wie die eigene. Dadurch vermeidest du, dass der Körper überrascht wird. Dann gibt es keine Giftstoffe. Gift entsteht auch durch Gedanken. So ist das. Darum kann es beeinflusst werden. Anstatt ein Tischgebet zu sprechen, ist es sinnvoll, die Nahrung, die du essen willst, darum zu bitten, mit dir zu sein. Gleichgültig, was es ist. Du sendest nur einen Gedanken hinein und visualisierst eine gasblaue Farbe. Dadurch stellst du sicher, dass die Energien mit deinem Körper harmonieren. Die gasblaue Farbe gehört zum physischen Teil, zu den Organen. Danach kommt der übergeordnete, der geistig-spirituelle Teil, die goldene Farbe. Das sind die beiden Farben, die mit Sicherheit für den neuen Menschen funktionieren. Die alten Chakrafarben haben ihren Wert verloren. Das Problem ist, dass selbst wenn wir mit dem Intellekt verstehen, was gut oder schlecht für uns ist, und uns dafür entscheiden, etwas zu verändern, dennoch die Einflüsse von Jahrhunderten im Gedächtnis unseres Körpers, in jeder einzelnen Zelle, eingeschlossen sind und uns krank machen können, wenn wir nicht die notwendigen Korrekturen vornehmen. Es gibt zwei Farben, die absolut sicher sind: die gasblaue für das Physische in jedem Chakra und die goldene für das Geistig-Spirituelle. Du kannst sie mischen oder zwischen ihnen wechseln. Und dann schau, was passiert. Sieh zu, wie die Schwingungen in Gang kommen."

Den Rest des Nachmittags arbeiteten wir mit Visualisierungsübungen. Wir neutralisierten den Säuregehalt von Kaffee, beseitigten Nackenverspannungen und versorgten die Chakras mit neuer Energie. Es war unglaublich einfach, wenn man es nur ernst nahm. Immer wieder machte er mich darauf aufmerksam, wie wichtig es sei, sich selbst außer Acht zu lassen, um sich zu hundert Prozent mit dem Stoff oder der Person zu verbinden, der man neue Energie geben will.

„Angst ist die grundlegende Vorstellung, welche die reine Kommunikation verhindert. Angst entsteht durch Unwissenheit. Die unbewussten Gedankenformen haben die Tendenz, Amok zu laufen, und dann ist der Teufel los. Angst ist ein Ausdruck der Begrenzung. Angst kann auch als Grundbedingung in den universellen Aufzeichnungen liegen. Aber nur weil der Einzelne durch seine Inkarnationen hindurch nicht in der Lage gewesen ist, diese Gedankenform aufzulösen. Sie wächst dann, staut sich an und gerät außer Kontrolle. Das ist ein weit verbreitetes Leiden in unserer Zeit. Aber wovor haben wir eigentlich Angst? Was ist das Schlimmste, das passieren kann? Dass du sterben wirst? Das werden wir alle, es ist nur eine Frage der Zeit. Auf der kosmischen Ebene kann es sich um eine Ansammlung von Energien handeln, mit denen wir uns nicht beschäftigt haben. Vielleicht sind es Energien, die Aufmerksamkeit und Hilfe brauchen. Im Kosmos gibt es kein Urteil über das Dunkle und das Helle. Gut und Böse sind Eigenschaften, die wir den Energien zuschreiben. Sie drücken kein Entweder-oder-Prinzip aus, sondern sind immer gegenseitig interaktiv. Einige Gedankenformen können an einen bestimmten Grundstoff gebunden sein, der zu bestimmten Sternentypen gehört und der daher mit einem Menschen in Austausch treten kann. Wir sind Gegenstücke der Sterne."

Es war spät, als wir zu Abend aßen. Obwohl ich müde war, war es eine Art Müdigkeit, die sich eher wie ein Zustand der Entspannung anfühlte. Ich zweifelte keine Sekunde daran, dass auch das ein Teil der Arbeit des Sehers mit mir war. Daher fand ich es auch nicht merkwürdig, als er nach dem Abendessen vorschlug, dass wir in einen Jazzclub gehen sollten.

Der Club lag in einer Gasse mitten im Touristenviertel. Wegen der Jahreszeit waren kaum Gäste da. An der langen, schmalen, schwach erleuchteten Theke saß ein einzelnes Paar und schaute sich tief in die Augen. Der Bartender putzte zum zigsten Mal die Gläser. Ein Pianist saß auf einem kleinen Podium hinten im Lokal und spielte auf einem Flügel Evergreens der Jazzmusik. Wir setzten uns an einen Tisch in der Nähe des Ausgangs. Der Seher bestellte nur Leitungswasser, bezahlte aber dafür, als wäre es Alkohol. Nach einer Stunde waren etwa zehn bis fünfzehn Gäste im Lokal. Der Seher lächelte, sagte aber nichts. Ich ahnte nichts Böses. Wir saßen nur da und hörten der Musik zu. Die Luft im Lokal wurde immer dicker vom Zigarettenqualm. Die Stimmung war träge und doch angespannt. Pötzlich beugte er sich über den Tisch:

„Bist du wirklich daran interessiert, gegenwärtig zu sein?"

Die Frage hing in der Luft und zitterte gefährlich. Ich konnte spüren, dass irgendetwas im Anzug war. Wenn ich nicht gewusst hätte, dass sich hinter der Frage eine tiefere Bedeutung verbarg, hätte sie mich verunsichert, genau wie damals, als er mich mit ähnlich fordernden Fragen auf dem Montségur konfrontiert hatte.

„Ja", antwortete ich.

„Bist du ganz sicher?"

„Ja!"

„Oben auf dem Flügel liegt ein Mikrofon. Es ist an. Warum gehst du nicht hoch und singst ein Lied?"

Ich war wie gelähmt. Er konnte sich mit Lichtgeschwindigkeit bewegen, Stiere sich materialisieren und wieder verschwinden lassen, Essig in Wein verwandeln und noch vieles andere. Es war fantastisch, aber es überraschte mich nicht mehr. Das hier jedoch war unerhört. Es überschritt eine Grenze, die mir nun auf peinliche Weise deutlich wurde. Auf der anderen Seite lag ein Leben voller Lampenfieber, die Angst, nicht gut genug zu sein, die Angst vor der Konkurrenz, vor dem Versagen, die Angst des kleinen Ichs und sein falsches Selbstverständnis. Alles, was ich versucht hatte, zu verdrängen. Ich hatte gehofft, dass er respektieren würde, dass dieses Thema niemals zur Diskussion stünde. Jetzt wusste ich, dass von dem Augenblick an, in dem er den Vorschlag ausgesprochen hatte, nichts mehr daran zu ändern war, dass ich mich gleich erheben, nach vorne gehen, das Mikrofon nehmen und für diese Menschen singen würde. Ich wusste, dass dies die einzige Möglichkeit war, den Fluch der Angst zu brechen.

Es war wie ein Traum. Als ich die Bühne betrat, hatte der Pianist schon mit einem Vorspiel begonnen. Ich war niemand. Nur ein Mensch, der zufällig vorbeikam. Ich nahm das Mikrofon und sang Lorenz Harts *My funny Valentine* in die Korridore des Vergessens:

My funny Valentine, sweet comic Valentine, you make me smile with my heart. Your looks are laughable, unphotographable, yet you're my favorite work of art. Is your figure less than Greek? Is your mouth a little weak, when you open it to speak? Are you smart? Don't change your hair for me. Not if you care for me. Stay, little Valentine, stay! Each day is Valentines's day ...

12

Each day is Valentine's day ...

Ich legte das Mikrofon auf den Flügel zurück. Keine Reaktion. Die Gäste starrten mich mit leeren Augen an. Ich dankte dem Pianisten, stieg von der Bühne hinunter und ging durch das schmale Lokal. Der Seher saß nicht mehr am Tisch. Ich ging zum Ausgang, stieß die Tür auf und trat in die sengende Hitze hinaus.

Ich blieb stehen, um meine Augen an das gleißende Licht zu gewöhnen. Der Duft von Zimt und Rosen mischte sich mit den tanzenden Staubpartikeln, die über dem hektischen Marktplatz durch die Luft wirbelten. Ich befand mich auf dem Platz direkt vor Isathars Haus. Die Tür stand einen Spalt breit offen. Jetzt erblickte ich sie in der Menge. Sie lächelte und schenkte mir ihren zuversichtlichsten und leidenschaftlichsten Blick. Ich wollte sie in die Arme nehmen und hier und jetzt lieben, widerstand aber der Versuchung. Ich kehrte ihr den Rücken zu und betrachtete stattdessen die farbenfrohe Szenerie vor mir, um eine passende Stelle zu finden, an der ich singen könnte. Die Leute waren aus den entferntesten Regionen des maurischen Reiches gekommen, um an den Festlichkeiten teilzunehmen. Sogar der

Kalif von Granada hatte seine Ankunft angekündigt. Künstler jeder Art waren hier zu sehen: Wahrsagerinnen, Dompteure, Tänzerinnen, Geschichtenerzähler, Sänger, Schreiber und Kalligraphen. Ich ging an den Ständen mit all ihren prächtigen Waren entlang: kunstvoll gewebte Stoffe aus Mekka, Gewürze aus Kairo, Säbel und Schwerter aus Toledo, wertvolle Dinge aus Gold und Silber, kunstvoll gebundene Manuskripte aus Cordoba mit der Poesie der Propheten. Dann verschmolz alles miteinander. Ich erinnere mich an nichts mehr.

Ein Tag folgte dem anderen. Und doch waren keine zwei Tage gleich. Je weiter der Seher mich in die Universen führte, desto mehr fühlte ich mich mit der Erde verbunden. Trotzdem war es mit nichts zu vergleichen, das ich früher ausprobiert oder dem ich mich angenähert hatte. Es war eine ganz neue Art, gegenwärtig zu sein. Es öffnete mich für eine andere Art der Wahrnehmung, eine geschärfte Form der Aufmerksamkeit, die ich bis jetzt nur als Löcher in der Wirklichkeit erlebt hatte. Die Löcher, in die ich ab und zu gefallen war und in denen ich Zuflucht gesucht hatte. Dem Seher war es zu verdanken, dass diese Augenblicke jetzt zu Werkzeugen wurden, die ich bewusst einsetzen konnte. Die Zeit näherte sich, in der ich selbst das Ruder übernehmen und all das, was er mir beigebracht hatte, in eine neue Welt bringen sollte. Die Lehre vom isogynen Menschen. Aber dicht unter der Oberfläche lag immer noch ein undefinierbares Etwas. Eine Erinnerung. Etwas, das seit langem hinter einem undurchsichtigen Schleier verborgen war, jetzt aber angefangen hatte, sich zu offenbaren und in Träumen und Erscheinungen sichtbar zu werden. Eine Flut von Rinnsalen, die sich zu einem Fluss vereinten, der sich langsam auf das offene Meer zubewegte.

An einem Morgen war ich früh aufgewacht und saß auf der Terrasse. Es hatte gerade aufgehört zu regnen, die Luft war rein und frisch. Ich saß nur da und war gegenwärtig, als ich auf einen Regentropfen aufmerksam wurde, der am Rande eines zusammengeklappten Sonnenschirms hing und wie ein Diamant in der Morgendämmerung funkelte. Als ich dicht an ihn heranging, sah ich, dass er alles, was ihn im Umkreis von 180° umgab, reflektierte. Als ich in den Tropfen hineinsah, konnte ich das reichhaltige mikroskopische Leben sehen, das sich dort entfaltete. Er stellte ein ganzes Universum dar und war gleichzeitig mit dem größeren Universum verbunden, das er reflektierte. Bald, wenn es an der Zeit war, würde er hinunterfallen und sich mit dem Wasser vermischen, das am Fuße des Sonnenschirms eine kleine Pfütze bildete. In dem Augenblick würde der Tropfen aufhören, ein Tropfen zu sein. Aber als Wasser würde er immer noch existieren. Im Laufe des Tages würde die Sonne das Wasser verdampfen und es würde sich eine kleine Wolke bilden. Heute Abend würde sich die Wolke auflösen und als Tau oder Regen wieder zur Erde fallen. Und morgen früh würde ich vielleicht wieder hier sitzen und einen Tropfen an der unteren Kante dieses Sonnenschirms betrachten. So funktionierte das einfache Gesetz vom Verschwinden und der Wiederkehr alles dessen, was ist. Der kosmische Kreislauf. *Gravity and grace.*

Auch über mir öffneten sich die Wolken. Jene Wolken, von denen ich wusste, dass sie voll vom Regen der Erinnerung waren. Ein Tropfen hier, ein Tropfen dort. Der Fluss wurde immer größer und majestätischer.

In der Tat, er hatte einen Fremden getroffen. Damit hatte er recht. Aber nie zuvor in seinem Leben hatte er einen Menschen wie diesen Fremden getroffen. Nie zuvor hatte er gehört, wie ein Mensch in so einfachen und leicht verständlichen Worten über so unbegreifliche Dinge sprechen konnte. Die Worte, die aus dem Munde dieses Mannes kamen, trafen ihn genau ins Herz, genau dort, wo das Blut von all dem Neuen und Unverständlichen überquoll, das für ihn so entscheidend gewesen war, das ihm aber auch auf eine unergründliche Weise die Hoffnung auf ein anderes Leben vermittelt hatte, die Hoffnung, den unheilbringenden Horizont durchbrechen zu können. Die Worte dieses Mannes hatten ihn in einen Zustand der Ruhe versetzt, den er seit seiner frühesten Kindheit nicht mehr erlebt hatte. Wie wenn eine Mutter ihr Kind stillt und das Kind satt und müde in ihren Armen einschläft.

„Perfekt", hatte der Mann gesagt, „wirklich perfekt!"

Er erinnerte sich nicht, wie lange er in der kleinen Gemeinschaft geblieben war, aber es war ein überwältigendes Erlebnis gewesen. Er verstand es nicht. Aber er konnte es spüren. Menschen, die helfen wollten. Großzügige Menschen. Menschen ohne jede Waffe, sie hatten nur die Worte, die ihnen zur Verfügung standen. Er verstand sie nicht, aber er fühlte sie und nach kurzer Zeit waren die Schmerzen in seiner Brust genauso schnell verschwunden, wie sie gekommen waren.

Aber der Tag kam, an dem er aufbrechen musste, und sie hatten ihm vom Paradies erzählt, das er suchte, und davon, dass er es vielleicht bei den Mauren auf der Alhambra finden könne, aber dass das Paradies, das er wirklich suchte, immer in seiner Reichweite sei und dass er nicht zu reisen brauche, um es zu erreichen. Aber, da es nun einmal so zu sein schien, müssten sie ihn gehen lassen, und sie sagten ihm, in welche Richtung er gehen solle. So verließ er die Pyrenäen und reiste ins Land Spanien.

Dies schrieb ich in einem meiner Bücher, drei Jahre bevor ein Engel mich in die Arme des Sehers schickte. Und da war noch mehr. Noch viel mehr. Ich fing an zu sehen, dass ein großer Teil dessen, was ich geschrieben hatte, nicht nur von Dingen handelte, die sich bereits ereignet hatten, sondern genauso von Dingen, die noch kommen sollten. Dann erinnerte ich mich, dass der Seher gesagt hatte, dass es eine Frage des Seins *und* Schreibens sei. Außerdem hatte er angedeutet, dass ich, indem ich meine Erinnerung öffnete, meine vergessene Sprache wiederfinden und lernen müsse, zu sehen. Ich müsse eine Art finden, gegenwärtig zu sein. Einen Weg zurück ins Leben. Das ließ nur noch eine letzte Frage offen. Wenn das Leben das Papier war und der Mensch die Feder, wessen Hand setzte dann die Feder aufs Papier und schrieb?

Eines Tages, als der Seher und ich einen Spaziergang auf der Strandpromenade machten, gingen wir an den letzten Hotels und Bauplätzen mit nur halb fertiggestellten Apartments vorbei und in einen armen Stadtteil hinein, der fast an ein Elendsviertel erinnerte. Wäsche hing an Leinen, die quer über die Straße gespannt waren. Ein paar Prostituierte boten an einer Straßenecke ihre Dienste an. Hunde liefen frei herum und hinter den Häusern huschten Kakerlaken, so groß wie Mäuse, zwischen den Abfallhaufen hin und her. Der süßliche Geruch von Rattengift mischte sich mit dem unverkennbaren Gestank der überlasteten Kanalisation. Aus den Häusern drangen stöhnend Eurodisco und Fandango. Das Sonnenlicht wurde von einem Wald von Fernsehantennen und Satellitenschüsseln gebrochen und ließ die Schatten flimmern und in den engen Straßen einen bizarren Fandango tanzen. Wir waren lange schweigend nebeneinander hergegangen. Es fühlte sich an, als ob ich neben mir selbst herginge – immer weiter in einen unwirklichen Geisteszustand hinein.

Ein dunkelhäutiger Mann überquerte die Straße und verschwand in einer kleinen Bar. Ich konnte arabische Musik hören. Irgendwie entsprach die Stimmung von unterdrücktem Leben in diesem labyrinthischen Stadtteil dem dunklen Labyrinth meiner Erinnerung.

„Dies ist der Ort in deiner Erinnerung, an den du immer wieder zurückkehrst, ohne es zu verstehen oder den Zusammenhang zu erkennen."

Ich verstand nicht, wovon er sprach.

„Was soll das bedeuten?"

Wir betraten einen alten Platz voll wackeliger Tische und Marktstände. Die Sonne war sengend heiß. Ich kniff die Augen zusammen, um besser sehen zu können. Einen Augenblick lang hatte ich das Gefühl, Menschen in fremder Kleidung zu sehen, Frauen mit Schleier und orientalischen Gewändern, Männer mit Umhängen und Turban. Der Seher ging mitten in die Menschenmenge hinein. Ich ging hinterher. Mitten auf dem Platz blieb er stehen.

„Merk dir diese Stelle", sagte er.

Die Sonne stand genau über uns. Im gleichen Moment sah ich aus den Augenwinkeln, wie der Mann von vorhin aus der arabischen Bar kam.

Der Seher sah direkt durch mich hindurch. Die schwarzen Galaxien drehten sich durchs Universum. Seine Stimme war ganz deutlich. Und doch war es, als ob er aus einer anderen Zeit zu mir spräche.

„Wir haben schon einmal hier gestanden, du und ich."

Der Satz hallte in den unendlichen Korridoren meiner Erinnerung wider. *Wir haben schon einmal hier gestanden, du und ich – wir haben schon einmal hier gestanden, du und ich.* Irgendetwas veranlasste mich dazu, den Kopf in Richtung Bar zu drehen. Die Strahlen der Sonne wurden von etwas Glänzendem zurückgeworfen und blendeten mich. Ich konnte nur mit Mühe eine dunkle Gestalt erkennen, die draußen vor der Bar stand.

„Ich habe lange auf diesen Augenblick gewartet."

Die Stimme wurde von den Wänden des Korridors zurückgeworfen: *Dieser Augenblick – dieser Augenblick – dieser Augen-*

blick – dieser Augenblick! Zuerst hatte ich Zweifel. Aber dann sah ich, dass es wahr war. Der dunkle Mann beobachtete uns. Für den Bruchteil einer Sekunde trafen meine Augen seine. In diesem Sekundenbruchteil sah ich in eine brennende Wüste aus Sternen und Einsamkeit. Sah hinein in ... Das war unmöglich. Das konnte nicht sein. Langsam bewegte er sich in unsere Richtung. Ich wollte ihm gerade ein Zeichen geben, als der Seher meinen Arm festhielt. Alles stand still. Wie angehaltener Atem. Wie ein Regentropfen, der mitten in der Luft hing, bevor er im Meer verschwand. Dann drehte sich der Mann um und lief in die Bar zurück. Er warf dabei fast einen Stand mit Schmuck um, ehe er durch die Tür verschwand, durch die er kurz zuvor gekommen war. Eine junge Zigeunerin rief hinter ihm her. Ich wollte etwas sagen, aber die Worte blieben mir im Halse stecken. Dann verlor ich sie aus den Augen. Der Seher beobachtete mich still. Alles geschah so schnell. Um uns herum ging das Leben weiter. Dann zeigte er auf einen Stand, an dem ein Mann antike Kurzwaren und alten Krimskrams verkaufte, und sagte so, als ob nichts geschehen wäre:

„Ich bin mir fast sicher, dass die Metalldose da etwas enthält, das mir gehört."

Wir gingen zum Stand hinüber. Der Mann öffnete die Metalldose, nahm eine alte Silbermünze heraus und gab sie dem Seher. Sie feilschten ein bisschen hin und her. Der Seher bezahlte. Kurz darauf gab er mir die Münze. Darauf war das Porträt eines lorbeerbekränzten Mannes zu sehen, es war ein Römer. Ich traute meinen Augen kaum. Es war ein Porträt von Mark Aurel.

„Es scheint, als käme hier und jetzt alles zusammen. Es scheint, als redeten die da oben ziemlich laut – und gleichzeitig. Und, ehrlich gesagt, siehst du aus, als ob du einen Pastis bräuchtest."

Ich war immer noch erschüttert, als wir in die Wohnung zurückkamen. An der Wand im Wohnzimmer, neben dem alten Stich von Kaiser Aurelius, hing das Bild von dem maurischen Zimmer. Die weißgekleidete Frauengestalt war immer noch nirgendwo zu sehen. Hatte sie jemals existiert? Oder war sie Zoé, die Isogyne, Prat, die Naturwächterin, Isathar, die Zigeunerin, oder vielleicht die Inkarnation von allen Dreien? Die Mutter, die Urfrau, die Jungfrau. Die Inkarnation des weiblichen Prinzips? Die Nornen – Urd, Verdandi, Skuld? Das isogyne Duplikat in jedem Menschen?

Der Seher stellte eine Karaffe mit Wasser auf den Tisch.

„Die Geschlechter finden einander in ihrer eigenen verborgenen Hälfte. Das Verhältnis zwischen Mann und Frau muss in erster Linie als Spiegel funktionieren, in dem beide Seiten einander gegenseitig integrieren, um sich auf diese Weise dem isogynen Zustand anzunähern. Leider hat der Mensch aus universeller Perspektive das Paarverhältnis zu einem Spiel im Sandkasten reduziert, das man Vater, Mutter und Kinder nennt. Viel stärkere Kräfte stehen hier auf dem Spiel. Wenn man die Chakras betrachtet, steckt der Mensch immer noch im zweiten Chakra fest, das mit dem Sexuellen verbunden ist. Aber gemäß der Evolution und den kosmischen Gesetzen sollte sich der Mensch in der Gedankenform des dritten Chakras befinden. Wir sind immer noch in den Überresten früherer Jahrtausende gefangen. Deswegen gerät die Sexualität außer Rand und Band, so dass der Mensch die sexuelle Energie nicht steuern kann, sondern sich stattdessen von ihr steuern lässt – mit dem Ergebnis, dass zu viel Egoismus zum Ausdruck kommt und das zieht uns in die verkehrte Richtung. Der Mensch hat die Sexualität zu einer Art Gesellschaftsspiel gemacht, mit dem man sich die Zeit vertreibt. Unsere Kultur hat den Begriff der Liebe völlig zerschlissen. Er wird täglich von den Medien, in der Werbung, in Songs,

Romanen, auf der Leinwand und überall, wo man es sich erlauben kann, weiter vernichtet. Die Liebe wird doch nicht größer und tiefer, nur weil sie mit großen pinken, lispelnden Buchstaben spricht, oder? Und weil wir uns so darauf konzentrieren, werden immer mehr unreine Gedankenformen geschaffen, die den Menschen binden, anstatt ihn frei zu machen, vielleicht weil es so leicht ist, sich in der Sexualität zu verlieren. Aber sich zu verlieren ist nicht dasselbe, wie sich zu verwandeln. Und das ist der Sinn der Vereinigung von Mann und Frau."

Dann drehe ich mich um und suche Isathar, aber sie ist nicht zu sehen. An einem der Stände sehe ich ein Manuskript, das so kunstvoll gearbeitet ist, dass ich etwas verweile und es bewundere. Als ich es in die Hand nehmen will, werde ich von einem starken Gefühl überwältigt. Eine unerklärliche Gewissheit veranlasst mich, es liegenzulassen und weiterzugehen. Von unbekannten Kräften getrieben werde ich von der Menschenmenge mitgerissen und in einen Zustand geführt, der mit einem Mal alles verändert. Ein Stück weiter stehen zwei Männer und reden miteinander. Es ist, als würde meine Wirklichkeit auseinandergerissen. Ich bleibe wie angewurzelt stehen. Ich habe das Gefühl, dass ich die Männer kenne, weiß aber nicht, woher. Jetzt dreht der eine sich um und erblickt mich. Seine Augen leuchten wie die Sonne und brennen wie Feuer. Er deutet auf mich. Sind sie Männer der Inquisition? Ich fühle, wie panische Angst von mir Besitz ergreift. Ich habe nicht die Absicht, stehenzubleiben und herauszufinden, wer sie sind. Ich laufe. Zurück zu Isathars Haus. Ich sehe nichts. Stoße überall an. Höre, wie eine Stimme meinen Namen ruft. Isathars Stimme? Nicht einmal, nachdem die Tür sich hinter mir geschlossen hat und ich in Isathars kühlem Raum stehe, kann ich mich beruhigen. Mein Herz schlägt wie verrückt. Ein Geräusch an der Tür. Ein Schatten in der Türöffnung. Isathar, Gott sei Dank. Sie sieht mich überrascht an.

„*Was ist passiert?*"

„*Nichts*", sage ich.

Ich habe keine Lust, darüber zu reden. Ich will alles vergessen. Vielleicht ist es in Wirklichkeit nichts als eine Sinnestäuschung? Sie scheint mir nicht zu glauben. Ich gehe hin und umarme sie. Sie legt ihre Arme um meinen Hals. Langsam löse ich die verborgenen Bänder im Oberteil ihres weißen Gewandes. Sie lächelt im Dunkeln und lässt mich tun, was ich will. Ich befreie ihre weißen Schultern und küsse ihren Mund. Es ist keine leichte Sache, eine Frau zu entkleiden. Ich streife ihre Brüste. Lasse meine Hände ihren Rücken hinuntergleiten. Dann steht sie vor mir, wie Gott sie erschaffen hat. Leuchtend. Vibrierend. Ich lasse meinen Umhang fallen und zusammen gleiten wir auf den Boden. Ich halte sie dicht an mich gedrückt, küsse sie und spüre ihren geheimnisvollen Duft nach Zimt. Wie konnte ich das jemals vergessen? Wie konnte ich dieses Wesen vergessen, dass sich so freigiebig öffnete wie eine blühende Rose? Ich beuge mich hinunter und breche das Siegel der Rose. Langsam reiten wir durch ein fremdes Land, schwer und übervoll zu fernen Horizonten. Später öffnet sich die Landschaft. Es ist Sommer und wir reisen durch unendliche, fremde Länder. Ich sehe einen Jungen und ein Mädchen, die zusammen in einem Fluss baden. Sehe, wie der Junge dem Mädchen zu einem See folgt. Sehe sie verschmelzen und eins werden. Sehe sie Seite an Seite liegen, nachdem sie zusammen alt geworden sind. Lächelnd und wissend, dass sie bald sterben werden. Ich sehe in Isathars brennende Augen. Sie löst alle meine Fehler auf und all meine Täuschungen. Ich sehe die schwarzen Galaxien blinken. Ich spanne den blauen Bogen des Mondes mit dem goldenen Pfeil der Sonne. Ich lasse los und lasse mich fallen. Ich falle frei und ewig durch ihr zeitloses Universum. Zum Geheimnis des Schmerzes und des Lichts in ihrem innersten Wesen ... Zoé, Prat, Isathar.

Sophia – Hokhmah.

Nehwey sibyanak aykana d'shmeya aph b'arah. Lasse auf Erden geschehen, was in den Sternen geschrieben steht. Entfalte das Licht des Universums durch uns, in Übereinstimmung mit den universellen Gesetzen. Nie wieder soll uns etwas trennen. Von diesem Augenblick an will ich immer frei sein.

Ein paar Tage später fuhr der Seher mich zum Bahnhof in Málaga. Während wir auf dem Bahnsteig warteten, gab er mir ein Päckchen. Es war ziemlich schwer.

„Dies ist vielleicht die Antwort auf die Fragen, die du dir schon lange gestellt hast."

Die Worte brannten in der Luft. Ich wusste, dass er mich so sah, wie ich war. Ich dagegen sah die Galaxien in seinen Augen, wie sie still auf zeitlosem Atem schwebend durch die Universen glitten. Eine Erinnerung, die in einem großen, offenen Augenblick verschwand. Befreit von jeglicher Begrenzung. Er ging ohne Abschiedsgruß und ohne sich umzudrehen. Elegant wie immer, tanzend gegenwärtig, alles bewegend. Ich hatte einen Kloß im Hals und eine Träne im Auge. Wenn er mich so gesehen hätte, hätte er scherzend gesagt, dass ich sentimental sei. Ich lehnte mich aus dem Fenster des Abteils und sah, wie er in der Menge verschwand. Ein Strom in der Flut. Ein Tropfen im Ozean.

Der Zug fuhr mit einem Ruck los. Ich öffnete das Päckchen. Es enthielt ein fast 400 Seiten langes Manuskript. Die Überschrift lautete: *Kansbar, Beschützer des Grals.* Und darunter stand: *Alhambra 1001.* Dann eine kurze Einleitung. Ich fing an zu lesen:

„Kansbar ist nicht mein richtiger Name. Aber aufgrund der Geheimnisse, die ich zu bewahren habe, habe ich diesen alten, persischen Namen gewählt. Kansbar, der Auserwählte. Kansbar, der Weise. Kansbar, der Seher. Kansbar, der Wächter des Grals. Ich bin bald ein alter Mann. Viele Jahre lang

Zoé, Prat, Isathar.
Was verborgen ist, muss sichtbar werden.

habe ich nach dem einen gesucht, der diese Aufgabe nach mir übernehmen soll – vergebens. Aber jetzt erinnere ich mich wieder an den Tag, an dem ich Flegetanis, einen fahrenden maurischen Sänger, auf einem Marktplatz in einer kleinen Stadt an Andalusiens Küste traf. Dieses Manuskript ist für ihn. Es ist die Geschichte des Grals."

Ich legte das Manuskript beiseite. Ein leichter elektrischer Impuls lief mein Rückgrat entlang. Es fühlte sich wie eine ganz feine Spannung an, deren Energie sich langsam in meinem ganzen Körper ausbreitete. Ich sah gerade noch, wie die Sonne hinter den Bergen unterging, bevor der Zug in den endlosen Tunnel der Erinnerung donnerte. – *Rukha d'koodsha – malkoota d'shmeya, Rukha d'koodsha – malkoota d'shmeya, Rukha d'koodsha – malkoota d'shmeya.*

WORTERKLÄRUNGEN

Ätherische Ebene: Das Ätherische ist der Stoff, der den Raum mit geistiger Essenz durchdringt, die Energieform, welche die äußere physische Form kontrolliert, bestimmt und bedingt. Die das Universum zusammenhaltende Kraft. Der Ätherleib des Menschen ist das lebenspendende und -erhaltende Lichtwesen, das Gegenbild des menschlichen Körpers.

Astralebene: Die psychische Ebene, die direkt über der physischen Ebene liegt und nicht mit unseren physischen Sinnen zu erfassen ist, sondern nur mit dem Blick des Clairvoyants. Das Bewusstsein des Menschen bewegt sich während des Schlafes auf dieser Ebene und nach dem physischen Tod im Astralkörper. Gefühle, Projektionen und Begierden kommen hier zum Ausdruck. Auf Sanskrit heißt diese Ebene Kama-Loka, die Begierden-Welt. Aber es gibt auch eine höhere psychisch/astrale Ebene, auf der wir unter anderem große, verwandelnde Träume, gewisse Formen von Clairvoyance und Hellsehen erfahren und auf welcher der visionäre und prophetische Sinn angesiedelt ist.

Aura: Unter der Aura versteht man innerhalb der esoterischen Traditionen die verschiedenen, feineren Hüllen des Menschen: den Ätherleib sowie den Astral- und den Mentalkörper, die zusammen die Aura des Menschen bilden. Diese kann nur von hellsehenden oder clairvoyanten Menschen wahrgenommen werden. Dem Seher zufolge besitzt der Mensch zwölf Auren und eine dreizehnte übergeordnete Aura. 1. Aura: die Ausstrahlung des Körpers (Äther), 2. Aura: die Psyche (astral), 3. Aura: Träume, Vorstellungen von einem abgeklärten Leben oder die Flucht davor, 4. Aura: das Gemüt (mental). Die folgenden Auren strahlen nicht vom gesamten Körper, sondern über dem Kopf aus. 5. Aura: die Planeten und Sterne, 6. Aura: elektromagnetische Felder, die Götter, 7. Aura: die Gravitation, 8. Aura: frühere Inkarnationen, 9. Aura: die Seelenaura.

Die restlichen Auren sind noch nicht freigegeben, abgesehen von der 13. Aura: der Gral. Nur der Teil der Auren, der zur Ausstrahlung des Körpers gehört (der Ätherleib), kann ab und zu vom physischen Auge als schwach leuchtender grauvioletter Nebel gesehen werden, der sich im Abstand von einigen Zentimetern um den physischen Körper herum ausbreitet und der von feinen Linien durchzogen ist, deren Richtung und Schärfe vom Gesundheitszustand des Menschen abhängig sind.

Außerkörperliche Erfahrung: Zustand, in dem man entweder wach oder im Traum den physischen Körper verlässt. Der Zustand wird auch in Verbindung mit Nahtod-Erlebnissen beschrieben (vgl. Raymond Moody). Plotin (204-270) schreibt: „Ich bin oft erwacht, in mir und doch außerhalb des Körpers, und wieder in mich hineingegangen, indem ich von allen anderen Dingen wegging. Ich habe eine wunderbare, außerordentliche Schönheit gesehen und mich versichert gefühlt, dass ich hauptsächlich dem besseren Teil angehörte. Ich habe faktisch das beste Leben gelebt und Identität mit dem Göttlichen erreicht. Nach diesem Verweilen im Göttlichen bin ich, wenn ich von höherer Empfindung (nous) zum räsonnierenden Verstand herabstieg, verwundert darüber, wie ich überhaupt heruntergekommen bin und wie meine Seele in einen Körper gekommen ist, wenn sie nun sich selbst gegenüber gezeigt hat, was sie ist." (Enneade 4, 8, I). Die hier berichteten außerkörperlichen Erfahrungen sind genauer beschrieben in meinen Büchern *Seele in Flammen* (Hovedland 1993) und *Schattenreisen* (Hovedland 1998).

Chakras: Die sieben primären Energiezentren, die von dem jeweils entsprechenden Punkt im ätherischen Gegenbild ausgehen. Die Chakras sind: Wurzel: Lebenswillen, Selbsterhaltungstrieb; sakral: Sexualität und Fortpflanzung; Solar Plexus: das Emotionale, Gefühlsorientierte; Herz: Liebe, Emphatie, Verbundenheit, Spiritualität; Hals: Kreativität, das Mentale, konkretes Denken; Stirn: koordinierendes Zentrum, abstraktes Denken; Krone: verbindend und transzendierend, die Krone des Werkes. Alle sieben Zentren sind miteinander verbunden. In den esoterischen Traditionen hat jedes Chakra seine eigene Farbe.

Dem Seher zufolge sind diese Farben jedoch nicht länger gültig. Stattdessen benutzt man gasblau (für das Physische) und golden (für das Geistige).

Clairvoyance: Französisch: *Hellsehen.* Die Fähigkeit, übernatürliche, nicht-physische Dinge unabhängig von Raum und Zeit zu sehen. Es gibt viele verschiedene Grade von Clairvoyance. Die meisten erstrecken sich nur auf die ätherischen und niederen physischen (astralen) Zustände oder Ebenen, wie es oft der Fall ist, wenn Clairvoyance angeboren ist. Clairvoyance bedeutet also nicht unbedingt, dass ein Clairvoyanter geistig besonders entwickelt ist. Clairvoyance ist eine Fähigkeit, die in allen Menschen latent vorhanden ist. Um einen höheren Grad von Clairvoyance zu erreichen, muss der Charakter geschult werden, da es eines hohen ethischen Standpunktes bedarf, diese Fähigkeit zu erlangen und auszuhalten. Erst nach vielen Jahren spiritueller und ethischer Schulung ist man in der Lage, sich über die niederen Zustände hinauszubewegen und ein echter Seher zu werden.

Dharma: Sanskrit: *Pflicht, Gerechtigkeit, Gesetz.* Die rechte Haltung einnehmen und das tun, was mit dem Karma und den universellen Gesetzen in Übereinstimmung ist und die geistige Entwicklung des Menschen fördert.

Ethphatah: Aramäisch. Entspringt dem ägyptischen Wort „ptâh". Aktiviert die Kraft, zu öffnen. Als Anrufung oder Beschwörung: *Öffne dich, entferne jegliches Hindernis – lass dich von den Energien des Universums durchdringen, die jeden Klang, jede Rede und jegliches Gehör geben und empfangen!* Diese Anrufung hat in allen Dimensionen im Universum öffnende Wirkung und knüpft auch an Name, Gehör und Ton an. Sie wurde von den Wüstenvätern im Nahen Osten verwendet. Sie taucht später im arabischen „Fatah", „Öffner des Weges", auf, der einer der neunundneunzig Namen der Qualitäten Allahs ist. Dieses Wort, auf die gleiche Weise ausgesprochen, wie Yeshua es während der Heilung des Tauben und des Blinden tat, wird heute noch verwendet.

Gral: In der physischen Welt gilt der Heilige Gral als der Becher, der die Blutstropfen aus Christi Wunden enthält. Einem der Gralsmythen zufolge wurde er von Joseph von Arimathäa nach Europa gebracht und danach von wechselnden Wächtern in einer unsichtbaren Gralsburg aufbewahrt, wo er nur von denen gefunden werden kann, die in der Lage sind, den Schmerz anderer genauso stark wie den eigenen zu empfinden. Wenn der, der auserwählt ist, den Gral zu finden, sein Ziel verfehlt, kann es sein, dass der Gral für eine bestimmte Zeit ohne einen lebenden Wächter ist. Auf der Erde ist dann das Mitgefühl abwesend und die Menschen behandeln einander wie wilde Tiere. Dieser Mythos entspringt einem christlichen Motiv. Ein anderer Mythos ist keltisch. Er besteht aus den alten, magischen Mythen der zyklischen Erneuerung. Die Legenden, die auf diesem Modell aufbauen, handeln davon, dass die natürliche Harmonie (oder genauer die Harmonie im Verhältnis zwischen dem sterblichen Menschen und der unsterblichen Göttin) zerstört wurde. Es ist die Aufgabe des Helden, diese Harmonie wiederherzustellen. Ein dritter Mythos besteht aus den alchemistischen Ideen von Wiedergeburt und individueller Verwandlung. Die Natur ist etwas Spirituelles, dass spontan in der Lage ist, Liebe und Mitgefühl zu entfachen. In diesem Mythos ist der Gral hauptsächlich eine heimliche, esoterische Wissenschaft bzw. Weisheit, die in Form von Visionen und Offenbarungen, dem gesprochenen und geschriebenen Wort von einem Gralswächter auf den anderen übertragen wird. In der esoterischen Auffassung gibt es folgenden Verlauf: keltischer Gralsmythos = der Vater, das Gesetz der alten Synagoge; christlicher Gralsmythos = der Sohn, das Neue Testament; alchemistischer Gralsmythos = der Heilige Geist, der, der kommen wird. Dem Seher zufolge sind die meisten Menschen mit dem Gral verbunden, jeder Mensch hat seinen „eigenen" Gral. Er symbolisiert das Transpersonelle, den transzendierten Menschen. Im Gral findet der einzelne Mensch Aufzeichnungen (kosmische Genetik), Vergangenheit, Zukunft und Lebensziel.

Ikhâl: Aramäisch. Normalerweise übersetzt mit: *beendet*, spezifischer: *vollständig aktiviert, vollendet, Wiederherstellung des ursprünglichen Zustands.*

Isogyn: Griechisch „isos": *gleich, eins, gleichwertig.* Griechisch: „gy'ne": Frau. In diesem Zusammenhang ein Zustand, in dem der Mensch, egal, welchen Geschlechts, das Männliche und das Weibliche in sich vereint und auflöst, so dass er beides ist und doch keines von beiden. Dem Seher zufolge ist der isogyne Mensch der Mensch der Zukunft, weil er aus allem, was ihn begrenzt, herausgetreten ist und alle Fehler, Gefühle und Krankheiten transzendiert hat. Der isogyne Mensch ist universell und intuitiv und handelt aus der rein universellen Perspektive heraus. Er hat sich allen latenten Kräften geöffnet: Emphatie, Mitgefühl, poetischen, musischen und prophetischen Gaben, Clairvoyance (Hellsehen), Clairaudience (Hellhören), heilenden Eigenschaften und dem höheren Bewusstsein. Von diesem Zustand aus wird der neue Mensch sich zu ungeahnten Höhen entwickeln.

Karma: Sanskrit: *Handlung.* Das Gesetz von Ursache und Wirkung. Wird normalerweise als Gesetz der Gerechtigkeit betrachtet. „Wie man sät, so erntet man", „Wie man in den Wald hineinruft, so schallt es heraus". Für den Seher ist Karma eher ein anderes Wort für die Art, in der wir unsere eigene Wirklichkeit erschaffen. Wenn wir im Leben agieren, re-agiert das Leben auf uns. Unter dem guten oder schlechten Karma eines Menschen versteht man die gesammelte, aufgesparte Summe von Wirkungen, die ein Mensch in diesem Leben oder in früheren verursacht hat und die dem universellen Gesetz zufolge früher oder später bearbeitet werden müssen. Dem Seher zufolge gibt es kein schlechtes Karma. Karma ist eine Gabe und eine Möglichkeit zur Entwicklung, keine Strafe.

Kundalini: *Schlangenfeuer.* Eine Kraft, die zusammengerollt, schlummernd im Wurzelzentrum liegt. Die Energie des Stoffes, die Kraft des Heiligen Geistes, das schaffende Prinzip. Eine geistig elektrisierende und schaffende Kraft, die jedoch,

wenn sie geweckt wird, auch schnell zerstörerisch und ver-
nichtend wirken kann, wenn sie nicht in die richtigen Bahnen
gelenkt wird. Die hier genannten „Kundalini-Erfahrungen"
und die Unannehmlichkeiten, die dadurch verursacht wurden,
sind ausführlich in meinem Buch *Seele in Flammen* (Hovedland
1993) beschrieben.

Mentalebene: Die Ebene, die gleich über dem Astralen liegt. Der
Bereich der Gedanken. Er ist zweigeteilt: Es gibt eine niedere
Ebene, die einen Bezug zum Persönlichen, zum Konkreten hat,
und eine höhere, die zum Transpersonellen und Abstrakten in
Beziehung steht.

Neutrino: Elektrisch neutrales Elementarteilchen mit nur schwa-
cher Wechselwirkung innerhalb der Materie. Ohne elektrische
Ladung auf physischer Ebene und daher schwer aufzuspüren.
Hat nur eine sehr geringe Masse.

Rukha d'koodsha – malkoota d'shmeya: Aramäisch. „Rukha":
*Atem. Wind, Luft, Energie, Elektrizität, Ausstrahlung von
Lebenskraft. „D'koodsha": So, wie es sein sollte, in Überein-
stimmung mit den universellen Gesetzen. „Rukha d'koodsha":
Der Heilige Geist. Der Heilige Geist aktiviert. „Malkoota":
Königreich, menschliche Urteilskraft und Haltung, die aus der
Harmonie zwischen dem Inneren und Äußeren entsprungen
ist. „D'shmeya": Himmelreich, himmlischer Zustand. „Malkoota
d'shmeya": Transpersoneller, höherer Zustand, so wie es sein
sollte, wünschenswerter und harmonischer Zustand.*

Transpersonal: Auf der anderen Seite oder jenseits des Persönlichen. Darüber liegend und über die physische, emotionale
und mentale Persönlichkeit hinausreichend; eine universelle
Eigenschaft, die die Menschheit als ein Ganzes sieht, deren Ziel
es ist, das Gute auszudrücken. Ebene, die höheres Bewusstsein
einschließt, Weisheit.

Transpersonale Psychologie: Zweig der Psychologie, der sich mit dem spirituellen Leben des Menschen beschäftigt und versucht, die Weisheit verschiedener spiritueller Traditionen zu integrieren. Er geht daher über das Verhaltenspsychologische hinaus.

Lars Muhl kam 1950 in Aarhus, Dänemark zur Welt. Über viele Jahre war er erfolgreicher Liedermacher und Musiker, der parallel zu seiner Musik die Religionen und das geheime Wissen der Welt studierte. 1996 streckte ihn eine rätselhafte Krankheit nieder, die ihn lange Zeit ans Bett fesselte. Ein Freund brachte ihn schließlich in Kontakt mit dem Seher, der ihn wieder „zum Leben erweckte".

Heute lebt Lars Muhl als Visonär und Mystiker, Heiler, inspirierender Autor und Redner. Er bietet Workshops an und leitet mit seiner Frau, der Autorin und Klangtherapeutin Githa Ben-David, ein Institut für Energie und Bewusstsein.

■ www.larsmuhl.com

Ich empfehle jedem, der sich auf der Suche nach Erleuchtung befindet, diese erstaunliche Geschichte zu lesen. Es hat mein Leben und meine Geschichte verändert ... unwiderstehlich.
Al Jardine, The Beach Boys

„Der Seher" ist ein ungemütliches Buch. Es appelliert an unsere tiefste Sehnsucht und fordert unsere Entschlossenheit heraus.
Joachim Kamphausen, Verleger

Ich bin seit 45 Jahren im Verlagswesen und habe viele spirituelle Bücher gesehen, aber keines wie dieses!
Emy ten Seldam, Verlegerin/Niederlande